단단한 아이로 자라는 마음의 언어

단단한 아이로 자라는
마음의 언어

25년 아동심리학자가 그림책에서 발견한
3~8세 정서 대화의 비밀

강지현 지음

라이프앤페이지

| 프롤로그 |

아이를 올바른 시선으로
볼 수 있도록

저는 어려서부터 이야기를 좋아했습니다. 남의 이야기를 듣는 것도 좋아하고 제가 이야기를 짓는 것도 좋아했습니다. 방 한가득 놀잇감과 옷가지를 늘어놓고 여러 역할을 연기하노라면 심심할 새 없이 시간이 금세 흘렀죠.

제가 누군가의 이야기를 듣는 직업을 갖게 된 것도 저의 오래된 선호와 관련 있는 게 아닌가 싶습니다. 대학에 몸담고 있지만 제 정체성은 교수보다 심리상담사나 임상가가 더 우선합니다. 심리치료나 상담이라는 직무를 여러 방식으로 규정할 수 있겠습니다만, 핵심은 누군가의 이야기, 가장 깊은 곳의 이야기를 듣고 그의 비밀을 이해하고 지켜주는 일이라고 생각합니다.

　이런 제가 그림책에 빠져든 것은 어쩌면 자연스러운 일인지도 모르겠습니다. 세 살 터울의 아이들이 어렸을 때 자주 읽어주었던 책들이 있었습니다. 어릴 적 여러 역할을 맡아 연마했던 기본 연기력(?)을 바탕으로 아이들에게 열심히 책을 읽어주었습니다. 아이들의 웃음과 기대 섞인 눈망울, "엄마, 또!"를 외치던 아이들의 목소리는 마법처럼 제게 힘과 능청스러움을 더해주었습니다.

　그런데 그 시간이 제가 아이들에게 일방적으로 무언가를 베풀기만 한 시간은 아니었습니다. 책 속의 이야기를 주의 깊게 따라가다 보면 깜짝 놀라거나 몹시 안타까워질 때도 있었고, 같이 속상해하거나 조마조마해지기도 했습니다. 책을 덮을 즈음 저의 지친 일상이 위로받는 기분이었고, 이제 용기를 내야 될 사람은 바로 나라는 생각도 들었습니다. 마음의 발달과 치유의 원리가 비유와 상징으로 멋지게 표현된 그림책들에 담긴 심리상담의 지혜를 언젠가는 꼭 정리해보고 싶었습니다.

　이 책에 소개된 그림책의 대부분은 제가 자녀들과 함께 읽었던 책들입니다. 그리고 집필 과정 중 운명처럼 만나게 된 책들도 있습니다. 마치 누군가가 보이지 않는 손을 통해 건네

주듯 그들의 지혜를 제게 나누어주었습니다.

여기에 아동학과 교수이자 임상심리학자로서 제가 병원과 상담센터에서 익힌 여러 지식과 기술들을 일반 가정이나 학교, 어린이집과 유치원 등 다양한 지역사회 공간에서 활용할 수 있도록 녹여냈습니다. 아이들을 향한 따뜻하고 민감한 마음이 기본이 되어야 하지만, 적용하기 수월하게 설명된 구체적인 전략이나 방법도 실전에서는 꽤 도움이 될 것입니다. 아이들이 보이는 크고 작은 문제들에 대해 그것을 심리학적 관점에서 이해할 수 있도록 설명하고, 가정과 교육 장면에서 어떤 방법을 사용해서 문제를 개선할 수 있을지도 안내했습니다.

무엇보다 저를 포함해 책을 읽을 어른들이 본인 내면의 결핍이나 굴곡 때문에 아이를 있는 그대로 보지 못하는 일이 없도록 스스로의 내면을 이해하는 작업에도 신경을 썼습니다. 그림책에 연결된 질문들, 미완성된 문장들, 역할극과 대화의 예시 대사, 간단하고 또 다소 복잡한 활동들을 따라가다 보면 아이와 여러분의 내면을 다루는 일이 조금은 더 수월해지지 않을까 기대해봅니다.

우리 인간의 마음은 밖에서 안으로 자라나갑니다. 누군가 우리를 따뜻하고 민감하게 대해주는 다른 사람, 외부, 밖의 시선과 돌봄을 통해 우리 내면, 자기(self), 스스로에 대한 감각을 형성해나간다는 의미입니다. 그래서 어린 아이들의 마음이 튼튼하게 자라나기 위해서는 건강한 어른들의 적절한 마음 씀씀이가 절대적으로 필요합니다.

인생에는 고난과 역경이 있고, 결국 아이들은 자신의 삶을 독립적으로 살아내야 하기 때문에 자기 감정을 다뤄낼 줄도, 상실과 좌절 앞에서 다시금 일어날 줄도 알아야 합니다. 자기가 저지른 크고 작은 행위에 대해서는 힘겹더라도 책임을 질 줄 알아야 하는 것이죠.

다른 사람을 배려할 줄도 알아야 하지만 분명하게 자기 목소리를 낼 수도 있어야 합니다. "내가 최고"라며 한껏 으스댈 수 있어야 하지만 때가 되면 유치한 나르시시즘에서 벗어나 다른 사람이 빛날 때 아낌없이 박수를 칠 수 있어야 합니다. 이것은 자신에게 분명한 자부심을 느끼는 영역이 있을 때 가능해집니다. 이런 마음의 발달 원리들은 옆에서 삶의 과제들이 어떻게 수행되는지를 직접 보여주고, 아이들의 시행착오를 부드럽게 교정해주는 어른들을 통해서 배울 때, 자신들과 함께 성장하는 주변 어른들을 보며 가장 분명하게 학습될 수 있습니다.

    우리는 아이들이 건강하고 균형 잡힌 신체를 갖게 하기 위해 여러 모로 신경을 많이 씁니다. 어둠 속에서도 길을 잃지 않고 결국 전진하기 위해 마음을 돌보는 일에 공을 들이는 것의 중요성은 말해 무엇하겠습니까. 그 길이 눈에 보이지 않아 고되고 성과가 더뎌 보여 엄두가 잘 나지 않아 그렇죠. 그러나 누군가의 마음이 자라고 회복되는 길에 기여할 수만 있다면, 그 누군가가 우리 아이들이라면 더욱 더 그 길은 마땅히 힘을 써 가볼 만한 가치 있는 길이지 않을까요. 저와 함께 그림책 속에서 지혜를 얻으며 성장에 이르는 그 길을 같이 걸어가 보시겠습니까.

강지현

| 차례 |

프롤로그   아이를 올바른 시선으로 볼 수 있도록

첫 번째 시간   성장하는 나

나를 사랑하고 있나요? • 자기 긍정감의 목소리 … 15
내 이야기를 들어주겠니 • 더 큰 목소리로 마음 표현하기 … 25
아이 성장에는 기다림이 필요하다 • 긴밀히 연결된 몸과 마음 … 35
소중한 우리를 위해 • 나눔으로 높아지는 자존감 … 45
괜찮아, 괜찮아, 수없이 들려줄게 • 어른이 된, 어른이 될 너 … 54

두 번째 시간   감정 다루기

말을 통해 내가 높아지는 순간 • 감정을 말로 표현하는 법 … 67
이 마음이 너를 삼키기 전에 • 아이의 걱정 마주하기 … 77
모든 감정에는 이유가 있어 • 화와 분노 다루기 … 88
내가 없어질 것만 같았어 • 불안과 두려움이 찾아올 때 … 99
이제 잠에서 깨어나렴 • 아이의 우울감을 대하는 마음 … 111

세 번째 시간
관계의 기초

결국 나를 이해해줄 널 만나게 될 거야 • **또래 관계에 대해**   125
너가 그렇듯, 모두 다 소중해 • **작고 약한 존재를 대하는 마음**   136
너는 영원한 나의 우주야 • **어느 날 동생이 생긴다면**   145
아이 마음이 부서지던 날 • **아이와 부모의 단단한 연결을 위해**   157
곁에 있는 것만으로도 • **아이가 건너야 할 좌절과 실패**   165

네 번째 시간
가족의 이름

인생을 살아간다는 것 • **부부가 되고 아이의 부모가 되어서**   179
세상이 무너지는 듯한 두려움이었어
  • **자기를 위로하는 방법 찾기**   189
너 때문이 아니란다 • **이혼 가정 받아들이기**   198
이제는 알 것 같아요 • **나의 부모 바라보기**   209
사랑해, 사랑해, 사랑해 • **이별과 애도에 대해**   220

첫 번째 시간

성장하는 나

나를 사랑하고 있나요?
자기 긍정감의 목소리

어떤 이야기일까?

여우지만 호랑이입니다.
코리 R. 테이버 글, 그림 | 노은정 옮김 | 오늘책

호랑이를 부러워하는 여우는 호랑이의 크고 날쌔고 잘 숨기까지 하는 몸을 부러워합니다. 호랑이가 최고라고 생각한 여우는 자기 몸에 줄무늬를 그려넣고 걷다가 거북이를 만납니다. 자신을 알아보는 거북이에게 자기를 호랑이라고 소개하자 거북이도 잠시 후 경주용 자동차가 되어 나타납니다. 그런데 갑자기 비가 쏟아졌고 그려넣은 무늬가 지워져 각각 거북이와 여우로 돌아가고 말았답니다. 비를 맞으며 슬퍼하는 여우 옆에서 다람쥐는 여우를 부러

> 워합니다. 몸집도 크고 날쌔고 잘 숨는다고요! 자기가 호랑이를 부러워한 그대로 자신을 부러워하는 다람쥐 얘기를 듣고서 여우는 "역시 여우가 최고야!"라고 말합니다. 여우는 이제 자기가 여우인 것이 기쁩니다.

문득 찾아온 마음의 어지러움

우리에게 '자아'가 생긴다는 것은 스스로에 대한 인식이 만들어진다는 거죠. 자기 개념이라고도 합니다. 스스로를 관찰하고 또 평가하면서 마음에 드는 부분에 대해서는 흡족해하며 계속 키워나가고, 부족하거나 실망스러운 모습에는 괴로워하면서 채워넣으려는 노력도 합니다.

결핍이라는 게 축하하거나 반길 일이냐 싶지만 또 이런 부족한 부분에 대한 인식이 우리를 움직이게 하는 부분도 있는 법이기에 과하지만 않다면 나쁘다고만 볼 수 없습니다. 그런데 때로는 내게 부족한 부분이 눈에 띄어서라기보다는 다른 이가 가진 것이 빛나고 좋아 보여서 우리 마음이 힘들어지는 경우도 있습니다. 우리도 그런 때가 많이 있죠? 자기의 삶에 그다지 큰 불만이 없었는데 누군가의 일상이 빛나는 모습을 우연히 접하고 마음의 평화가 깨지고 흔들렸던 때 말예요. 부러움? 시기? 어떤 이름이 적절할까요? 호랑이를 부러워해서 흉내를 내보려던 여우를 통해 이 마음에 접근해봅시다.

책에는 여우가 호랑이를 부러워한 내용이 "몸집이 크고 날쌔고 잘 숨는다"라고 쓰여 있지만 거기에는 아마도 '나보다 호랑이는 더'라는 문구가 숨어 있던 것이 아닐까 생각해봅니다. 원래 비교급이 더 무섭잖아요. 여우는 호랑이가 부러워서 아마도 단기간에 호랑이처럼 되고 싶었던 거였겠죠. 간단히 무늬를 그려넣는 것으로 호랑이가 되고자 하고, 자기 딴에는 걸음걸이와 울음소리를 흉내 내는 것으로 호랑이로 변신했다고 여깁니다. 그래서 자신의 정체를 알아본 거북이에게 자기는 여우가 아니라 호랑이라고 얘기하죠.

이때 거북이가 여우를 직면시켜주었더라면 좋았을까요? 하지만 거북이는 직면 대신 자기도 똑같이 자기 등에 평소에 동경했을 경주용 차 그림을 그리고 나타납니다. 거북이는 쌩쌩 달리는 경주용 차가 진짜로 부러웠을 거예요. 잠시나마 즐거웠던 이들은 갑자기 쏟아진 비 때문에 본색이 다시 드러납니다. 자기 자신과 동료를 속이는 일은 잠깐은 가능했겠으나 계속하기는 어려웠던 거죠.

여기서 비를 맞은 시간, 이 시간이 각자에게 어떤 시간이었을까요? 처음엔 갑자기 내려서 분위기를 망치는 비가 원망스러웠겠죠. 슬펐을 거구요. 마법이 풀린 신데렐라의 심정과 같지 않았을까요? 그런데 비 덕분에 여우는 여우로 돌아올 수 있었고 자기 모습을 제대로 봐주는 다람쥐의 시선을 통해 자기를 수용할 수 있게 됩니다.

결과를 놓고 보지 않더라도 비를 맞게 된 것은 천만다행이라고 볼 수 있습니다. 우리는 상황과 맥락에 따라 우리가 아닌 모습으로 살아갈 때가 있습니다. 필요에 의해 여우가 호랑이인 척, 거북이가 경주용 차인 듯 행동해야 할 때가 있지만 그렇게 진짜 내가 아닌 모습으로 시늉하는 것을 오래 지속할 수는 없습니다.

가장 나다운 내 모습을 사랑할 시간

가면을 쓴 채로, 우리에게 맞지 않는 옷을 입은 채 마치 그것이 우리의 진짜 모습인 양 살아가는 시간이 오래되면 우리 내면은 공허해지고 길을 잃어버리게 됩니다. 그러고 보면 비는 여유를 창피하게 만들고 좌절하게 하는 요소가 아니라 자기 모습을 찾고 그 모습을 편안하게 받아들이며 나아가 흡족해할 수 있도록 만들어준 발판이었습니다. 이런 고마운 과정이 겉으로는 내가 기대하지 않았던 모습으로 거추장스럽고 불편하게 찾아온다는 것은 우리가 잘 기억해두어야 할 주제입니다.

그런 의미에서 우리는 때때로 인생에서 비를 맞는 일을 반기는 것이 좋겠습니다. 이를 통해 우리가 조금 더 우리다워지고, 우리 스스로에게 당당해질 수 있도록 말입니다. 그런데 비라는 것을 우리가 만들 수도, 시기와 양을 조정할 수도 없으니 부디 그 비가 너무 감질나거나 또는 너무 가혹하지 않아서 우리 각자를 성장시킬 수 있기를, 비를 맞을 때 작은 우산이나 비옷 혹은 장화 등이 준비되어서 그 비로 우리가 너무 많이 흔들리지 않기를, 그 과정에서 진짜 나를 그리고 나를 인정하고 사랑해주는 마음을 찾을 수 있기를 기도하게 됩니다. 우리뿐만 아니라 우리의 자녀들이 그러할 수 있기를 바라는 마음은 더 간절할 것입니다.

시기에 맞춰 적절한 양으로 만나게 되는 비(고난)에 대해 다루었으니 이제는 '다른 사람' 얘기를 해볼까 합니다. 여기서 '다른 사람'은 나와 인사하는 누군가가 아니고 나를 잘 알면서 나에 대한 애정이 있다는 조건을 갖춰야 합니다. 아이들에게는 부모가 될 수 있겠고, 교사나 친구가 될 수도 있습니다. 형제자매, 배우자, 연인도 여기에 속하죠. 우리가 우리에 대한 인식을 키워나갈 때 '다른 사람'의 도움이 필요합니다.

아동은 인지적으로나 발달적으로 미숙해서 자기 자신을 총체적으로 인식하기 어렵고, 외부의 시선으로 스스로를 다면적으로 관찰하지도 못합니다. 어른으로 성장하는 과정에서도 우리는 때로 스스로에 대해 균형감을 잃을 때가 있습니다. 특히 이렇게 비를 맞아 스스로가 초라해 보일 때처럼 말이죠. 평상시에도 그렇지만 이렇게 비를 맞았을 때라면 특히 더 나를 따뜻하게 바라봐주는 시선이 필요합니다. 실패와 성공 모두를 아우르며 변함없는 성원을 보내주는 대상 말예요.

누군가의 성공을 정말 사심 없이 기뻐하고 축하해주는 일은 쉽지 않습니다. 다른 이의 고통과 불행에 함께 슬퍼하는 것보다 가까운 이의 승리와 성취에 시기심 없이 박수쳐주는 일은 생각보다 난도가 높은 과제죠. 이렇게 우리의 성공에 순도 100퍼센트로 축하해줄 수 있는 사람은 아마 우리 부모님이 아닐까요? 그리고 우리 역시 자녀의 성취에 배 아파하지 않고 마음껏 축복을 해주겠죠. 우리 자녀들이 우리 외에도 주변에 이런 친구들, 인연들을 갖게 된다면 얼마나 복된 일일까요.

그런 주변 사람들의 따뜻한 시선을 통해 우리 아이들은 자기가 무엇을 가지고 있는지 정비하게 되고, 자기에게 취약한 부분이 무엇인지 알 수 있게 될 것입니다. 또 자기가 단점이라고 생각했던 것이 다른 시각에서 어떻게 보일 수 있을지 깨달을 수도 있습니다. 그러면 자기에 대한 경계, 범위가 확장되는 거죠. 이렇게 되면 여유가 생기고 자기 자신이 조금 더 마음에 들 수 있습니다. 이런 자신감, 스스로에 대한 만족감을 동력 삼아 새로운 목표, 자신의 단점을 보완해나갈 시도를 해볼 수 있습니다.

아이에게 부러움과 시기가 생겼을 때

우리가 '부러움', '시기', '질투' 이런 얘기를 하고 있잖아요. 아이가 누군가를 쉽게 부러워하고 또 샘이 많다면 함께 이야기를 나눠보세요. 자녀가 요즘 부러워하는 대상이 있다면 누구인지, 무엇이 부러운지 물어보세요. 아이만 얘기하면 부담을 느낄 수 있으니 최근 누군가가 부러운 적이 있었다면 그것을 나눠주세요. 교육적 가치가 있는 부러움이었다면 좋겠지만 꼭 그럴 필요는 없습니다. 얘기가 잘 통한다면 무엇 때문에, 어떤 맥락에서 그것이 부러웠는지도 파악해보세요. 아이가 무언가를 부러워하는 이유가 더 중요할 수 있으니까요.

이렇게 아이의 이야기를 들은 다음에는 부러움에 대해서 인정해주세요. 우리 아이가 더 많은 걸 가지고 있다 하더라도 다른 친구를 부러워할 수 있다고 수용해주는 겁니다.

"아휴, 그런 게 뭐가 부럽다고 그러니?"
"나, 참… 부러워할 걸 부러워해라."
"너한테는 ~가 있잖니."

이런 말들은 대화에 도움이 되지 않습니다. 그 대신 "○○이가 그걸 부러워하는 줄 몰랐네", "○○이한테도 ~가 있었으면 했구나" 이렇게 반응해주면 됩니다.

아이가 부러워하는 대상이나 그 면모를 찾았다면, 그런 부분이 실상 아이에게 부족해서 채울 필요가 있다면 그걸 건강하게 채워나갈 수 있는 방법을 같이 고민해주면 좋겠죠. 그게 일종의 목표가 될 수 있는 것인데요, 이런 목표를 단번에 이룰 수는 없잖아요. 큰 목표는 작게 나누고, 한 단계씩 연습과 훈련을 통해 이뤄나갈 수 있다는 것을 알려주면 좋겠습니다. 이런 세부적인 계획은 아이와 부모가 함께 세우면 되는데 부모도 욕심내지 말고 처음엔 목표를 아주 쉽고 작게 잡아서 적은 노력에라도 아이가 성공할 수 있도록 도와주길 바랍니다.

또 다른 면도 있습니다. 바로 이미 아이가 가지고 있는 것에 대한 조명인데요, 아이가 노력하지 않아도 쉽게 되고, 잘 갖추고 있는 면을 찾아주고 격려해주어야 해요. 어른들도 자기가 갖고 있는 게 많다는 걸 알 때, 자기의 자원과 장점을 잘 인식하고 있을 때 자기 단점이나 부족한 점을 편안하게 인정할 수 있습니다. 그런데 아이들은 그 받아들임이 더욱 크게 다가옵니다. 그러니 자기가 가진 보물을 발견할 기회가 필요합니다.

"다람쥐가 ○○이를 잘 안다면 뭐라고 할까? 어떤 점을 부러워할 거 같아?"라고 질문을 해보세요. 아이가 얘기하기 어려워하지 않는다면 "○○이 친구 △△는 뭐라고 할 거 같아?"

라고 물어보세요. 이어서 "무엇 때문에 그렇게 생각한 거니?"라고 해서 아이 대답의 이유도 알 수 있다면 더 깊이 자녀를 이해할 수 있습니다. 필요하다면 "엄마라면 이렇게 말할 거 같아"라고 할 수도 있어요. 아주 자연스럽게 부모가 파악한 아이의 장점을 언급하면서 아이를 격려해주는 거죠. 아이가 스스로에 대해 불만스러워하는 점이 있는데 그게 아이가 살아가는 데 도움이 되는 것이라면 더 부각해주세요. 자신의 단점에 대한 새로운 시각을 갖게 될 것입니다.

이렇게 자기 자신에 대한 긍정적인 평가가 두둑하게 쌓여야 마음이 부자가 되는 것이고, 그래야 다른 사람을 부러워하다가 섣부르게 그 사람처럼 되려고 흉내 내기를 그만두고 자기 자신을 마음에 들어하며 당당해질 수 있습니다. 필요하다면 자신의 부족한 부분을 흉내가 아니라 노력으로 채워나가도록 애쓰면서요. 이렇게 건강한 에너지를 쓰는 자녀를 보는 것, 이것 또한 이들을 위해 수고한 어른들이 누릴 수 있는 보람과 기쁨입니다.

내 이야기를 들어주겠니
더 큰 목소리로 마음 표현하기

어떤 이야기일까?

종이 봉지 공주
로버트 문치 글, 마이클 마첸코 그림 | 김태희 옮김 | 비룡소

아름다운 엘리자베스 공주는 로널드 왕자와 결혼할 예정이었습니다. 그러던 어느 날 무서운 용 한 마리가 나타나 뜨거운 불길을 내뿜어 성을 태우고 왕자를 잡아갔답니다. 공주는 옷이 타서 종이 봉지를 입고 왕자를 구해오기로 결심합니다. 그리고 용이 사는 동굴의 문 앞에 당도할 수 있었어요. 공주는 용을 꾀어 자신의 힘을 자랑하며 여러 번 불을 내뿜게 하고, 또 세상을 여러 바퀴 돌게 해 지쳐서 잠에 빠지게 만든 후 왕자를 찾아냈습니다. 그런

데 왕자는 고생하며 자신을 구해준 공주에게 고맙다는 말 대신 공주답지 못한 옷과 탄내 나는 머리를 정리하고 다시 오라고 합니다. 엘리자베스는 로널드에게 "겉만 번지르르한 껍데기"라고 하고 결혼하지 않기로 합니다.

진짜 용기가 필요한 순간

고생고생하며 자기를 구해준 엘리자베스에게 공주답지 못하다고 야단을 치다니 정말 황당할 따름입니다. 이제라도 엘리자베스가 로널드를 제대로 알아보고 결혼하지 않기로 결정해서 다행입니다.

이 책은 아동상담실에서 자주 활용되는 그림책 중 하나입니다. 원래 아동상담실에는 책을 비치해두지 않습니다. 아동상담실은 그곳을 방문하는 아동의 마음에 대해 상담자와 이야기 나누는 곳인데 자칫 책에 몰두하다 보면 정작 필요한 마음에 대한 이야기를 하지 못할 수 있기 때문이죠. 그러나 아동이 상담실을 방문한 이유에 따라 그것과 연결될 수 있는 책은 상담자의 의도에 맞춰 상담실에 들여놓고 활용될 수 있습니다. 로버트 문치의 『종이 봉지 공주』는 자기주장이 서툰 아이들과 함께 읽기에 참 좋답니다. 자기주장이 너무 강한 아이들도 문제이지만, 자기 목소리를 내야 할 때 그렇게 하지 못하는 아이들도 안타깝기는 마찬가지입니다. 이 책을 활용해서 자기주장을 보다 자연스럽게 할 수 있도록 돕는 방법을 생각해보려고 합니다.

이 책에 등장하는 인물에 대해서 알아봅시다. 엘리자베스는 어떤 공주일까요? 먼저 눈에 띄는 것은 엘리자베스가 용기 있는 사람이라는 것입니다. 결혼하기로 한 왕자 로널드가 무서운 용에게 잡혀갔을 때 로널드를 구하러 가기로 결심합니다. 불을 내뿜는 용을 직접 보고, 그 용이 자기의 아름다운 옷을 다 태운 것을 경험한 뒤에도 용기가 꺾이지 않습니다.

이뿐만이 아닙니다. 엘리자베스의 용기는 자신에게 익숙한 아름다운 옷이 다 타버려 없어진 뒤에 종이 봉지로 옷을 만들어 입을 수 있었다는 데서 더 빛이 납니다. 어쩌면 공주라는 자존심에 허접한 종이 봉지 옷을 어울리지 않는다며 부끄러워할 수도 있었는데 말입니다.

나보다 크고 강하고 멋지고 대단한 상대를 대적하려 할 때 당연히 용기가 필요합니다. 적어도 이때는 자존심이 상할 일은 좀 덜합니다. 상대가 대단한 만큼 그를 대적하는 나 역시 대단해져야 하고 상대할 순간은 그의 적수가 된 만큼 나 역시 대단한 존재가 되는 것이니 말입니다.

심리적으로 이렇게 상대와 내가 같은 수준이라는 것을 충분히 인식한다면 싸움에 승산이 있습니다. 문제는 반대입니다. 약하고 비루하고 초라하고 무능함을 인정하는 것은 참 어렵습니다. 바로 이때 진짜 용기가 필요합니다. 엘리자베스처럼 부요하게 갖추었다가 가난하고 결핍이 생겼을 때 그것을 수용하는 것에는 심리적 갈등이 생기게 마련이어서 이럴 때 발휘되는 게 진짜 용기와 마음의 힘입니다.

또, 엘리자베스는 매우 지혜롭습니다. 용이 지나가는 곳마다 태워버리기 때문에 그 뒤를 밟아 따라가면 용을 만날 수 있으리라 생각하는 것도 그렇고, 용을 만나서 우쭐하게 만들어 불을 마구 내뿜고 세상을 돌아다녀 힘을 다 쓰게 만드는 전략을 사용하는 것도 그렇습니다. 자신이 가진 많은 것을 순식간에 잃어버린 상황에서도 우왕좌왕하지 않고 문제 해결의 순서와 방법을 지혜롭게 구상합니다.

고생 끝에 약혼자인 로널드 왕자를 구해주고 엘리자베스가 기대했던 건 무엇이었을까요? 최소한 '공주답게 하고 다시

오라'는 말은 아니었겠죠. 그런 로널드에게 엘리자베스는 "그래, 로널드. 넌 옷도 멋지고 머리도 단정해. 진짜 왕자 같아. 하지만 넌 겉만 번지르르한 껍데기야!"라고 말합니다. 이런 태도를 뭐라고 해야 할까요? 저는 '당당함'이라고 이름 붙여보기로 했습니다. 혹시 다른 이름표를 붙일 수도 있을까요? 제가 찾은 속성 외에 엘리자베스에게서 어떤 점을 찾으셨는지 궁금합니다.

아이와 나눌 수 있는 대화

아이와 함께 다음과 같은 이야기를 나눠볼 수 있습니다.

- 엘리자베스처럼 용기 있고 당당하게 이야기해야 할 때가 있을까? 나는 그렇게 하고 있는지?
- 엘리자베스처럼 행동하지 못한다면 무엇 때문일까?
- 엘리자베스처럼 행동하기 위해서는 무엇이 필요할까?

활동을 확장해본다면 아예 간단한 인형극을 진행할 수도

있습니다. 등장인물이 많이 필요하지도 않아요. 엘리자베스, 로널드, 그리고 용! 만약 아이가 소품을 더 만들 의욕을 보인다면 용이 사는 동굴의 문을 만들어도 좋습니다. 이해를 위해 순서를 정해보겠습니다.

　① 엘리자베스, 로널드, 용 인형을 그립니다(그림책 위에 대고 그리거나 복사해서 사용해도 됩니다).
　② 각각의 인형 뒤에 나무젓가락(빨대, 수수깡 등)을 붙입니다.
　③ 역할을 정합니다.
　④ 그림책을 대본 삼아 인형극을 진행합니다.
　⑤ 그림책이 끝난 뒤 이야기를 상상해서 진행합니다.
　⑥ 필요하다면 다른 상황도 만들어서 진행합니다.
　(아이의 성향에 따라 인형극이 아닌 직접 아이가 출연하도록 해서 부모와 같이 역할극으로 진행할 수도 있습니다.)

상담실에서는 그림책 이후의 이야기를 상상해보는 것이 큰 반응을 가져옵니다. 놀잇감도 많기 때문에 필요한 소품도 바로바로 준비할 수 있죠. 그러면 나만의 종이 봉지 공주 이야기가 만들어지는 셈이거든요. 제목도 붙여볼 수 있어요. 로널드의 입장이 되는가 하면, 용과 동일시되어 이야기를 만들고 싶어 하는 아이들도 있습니다. 엘리자베스가 떠나간 후 반성하고 돌아온 로널드 이야기가 등장하기도 합니다. 그러면 그에 맞춰 자연스럽게 인형극을 해나가면 됩니다.

더 중요한 것은 아이에 따라 자기 목소리를 내야 할 상황이 다르기 때문에 아이와 상대역을 정하고 아이가 처한 난처한 상황을 대사로 정해서 역할극을 해보는 것은 굉장히 도움이 된다는 것입니다. 이 과정을 통해 상대 아이는 어떻게 말하고 반응하는지, 그에 따라 우리 아이는 어떻게 느끼고, 그러면 무슨 말이나 행동을 하는지 대사를 적어가다 보면 상황을 자세히 알게 되죠. 그러면 조금 더 안전하고 효과적으로 아이를 도울 수 있답니다.

우리 마음속에 숨어 있는 존재들

여기서 하나 짚고 넘어갈 게 있습니다. 이야기 속에서는 엘리자베스와 로널드가 상대 역할, 별개의 인물로 그려지지만, 어쩌면 이 인물들은 우리 마음속 여러 부분이 구체화 되어 나타난 것일 수도 있다는 점입니다.

즉, 우리 마음에는 용도 로널드도 엘리자베스도 다 존재한다는 것이죠. 가령, 용은 자신의 힘, 공격성, 에너지 같은 것으로 볼 수 있는데 이것을 길들이지 않으면 힘을 과시하다가 주변을 태우고 자신도 다칠 수 있습니다. 상황에 따라 강도를 잘만 조절하면 공격성은 삶의 여러 부분에서 결실을 맺게 해주는 연료와 같습니다. 로널드는 자존심이나 체면으로 생각해 볼 수 있습니다. 겉으로 보이는 것이나 격식을 차리는 것이 중요하지 않은 것은 아니나 자기 욕구나 기분보다 남의 시선이나 평가가 늘 우선하고, 그것 때문에 진짜 나를 놓치면 안 된다는 것을 아이들에게도 분명히 알려주어야 합니다. 다른 사람의 시선에 지나치게 연연해하지 않으려면 스스로에 대한 자부심과 자존감이 있어야 하죠. 자기가 어떤 존재인지, 무엇을 가지고 있는지 아는 건 언제나 중요합니다.

아이들에게는 무조건적으로 있는 그대로 사랑받고 대우받았던 경험이 있어야 합니다. 자신이 무엇을 잘했거나 양육자의 마음에 들게 행동해서가 아니라 존재 자체로 인정받았던 경험은 스스로의 기분과 생각에 대해 확신을 갖고 목소리를 낼 수 있도록 이끌어줍니다. 마음속 힘의 근원이라고나 할까요. 이런 주제에 대해서 이야기를 나누고 다룰 수 있으려면 용이나 로널드의 측면이 우리에게 있다는 것을 인정해야 합니다. 어쩌면 아이와 함께 놀이하기 전에 내 안의 엘리자베스, 로널드, 그리고 용에 대해 생각해보는 게 중요할 수 있습니다.

아이를 잘 키우는 일이야말로 엘리자베스처럼 용기 내고, 당당하고, 지혜로워야 하는 일임을 더 깊이 깨닫게 되네요. 그렇다면 나 자신과의 관계로 시작해 배우자와 자녀들과의 관계로 이어지고, 다른 가족들, 또는 직장 동료나 다른 학부모들과의 관계로 확장되어나갈 수 있을 것입니다.

혹시 내 안의 용을 길들이지 못하고 불을 내뿜었던 순간이 있었을까요? 그 대상이 사랑하는 아이 또는 배우자는 아니었나요? 그랬다면 먼저 순간적으로 불을 내뿜었던 내면의 용을 용서하고, 아이나 배우자에게 사과의 말을 건네보세요. 용기 있고 지혜롭게요!

또 못난이 로널드처럼 껍데기에 연연했던 순간도 있었나요? 그랬다면 무엇이 나를 초라하게 느끼도록 만들었는지 생각해보고 내가 가진 것과 갖고 있지 않은 것 사이에 균형감을 다시 찾아보세요. 그때는 갖고 있지 않은 것에 대해 과도하게 무게가 실렸을 수 있으니, 다시금 내가 갖고 있는 것, 나의 좋은 점에 대해서 항목을 추가해보세요. 이런 방법은 우리 안의 엘리자베스를 격려하고 키우는 작은 실천이 될 것입니다.

우리 내면의 엘리자베스가 아름답고 씩씩하게 자라남에 따라 아이들 마음속 엘리자베스도 무럭무럭 자라나기를 간절히 소망합니다.

아이 성장에는 기다림이 필요하다
긴밀히 연결된 몸과 마음

어떤 이야기일까?

누가 내 머리에 똥 쌌어?
베르너 홀츠바르트 글, 볼프 에를부르흐 그림 | 사계절

작은 두더지가 해가 떴나 안 떴나 보려고 땅 위로 고개를 내밀었는데 머리 위로 뭉글뭉글한 소시지 같은 어떤 것이 떨어집니다. 두더지는 "누가 내 머리에 똥 쌌어?"라고 소리쳤지만 눈이 나빠 아무도 찾지 못했죠. 그 후로 두더지는 "네가 내 머리에 똥 쌌지?"를 외치며 비둘기, 말, 토끼, 염소, 소, 돼지를 찾아갑니다. 그때마다 동물들은 "내 똥은 이렇게 생겼는걸"이라는 답과 함께 자신들의 똥을 보여줍니다. 그러다가 파리의 도움을 받아 두더지

> 머리 위의 똥이 바로 정육점 집 개, 뚱뚱이 한스의 것임을 알게 됩니다. 범인을 찾아낸 두더지는 냉큼 한스의 집 위로 기어올라가 한스 머리 위에 똥을 누고는 기분 좋게 웃으며 땅속으로 사라졌습니다.

아이와 함께 찾아가는 관심사

이 책을 읽으며 아이들과 얼마나 웃었을까요? 아이들은 한동안 똥, 오줌, 똥꼬, 엉덩이, 방귀, 이런 단어에 열중합니다. 소위 '꽂힌다'고 하죠. 틈만 나면 이런 단어를 말하고 싶어 하고 이런 현상에도 관심이 많습니다. 학자들은 괄약근이 성숙하는 만 2세가 배변 훈련을 할 적기라고 조언하죠. 만 2세는 우리 나이로 3세 또는 4세에 해당하니까 아이들은 누가 가르쳐주지 않아도 자기들의 발달 과업에 맞춰 관심사를 적절히 이동시키는 것이라 볼 수 있습니다.

이 책의 장점은 무엇보다 아이들과 즐겁게 읽어나갈 수 있다는 점입니다. 이 책을 읽으며 자연스럽게 똥과 방귀, 오줌, 이런 이야기를 할 수 있으니까요. 두더지가 별안간 맞은 똥으로 인해 시작될 뿐만 아니라, 똥의 주인을 찾아가는 과정은 제법 진지합니다. 새로운 동물을 만날 때마다 "네가 내 머리에 똥 쌌지?"를 외치는데요, 이 대사를 읽으려 하기만 해도 웃을 채비를 하게 됩니다. 그뿐인가요. "나? 아니야. 내가 왜?", "내 똥은 이렇게 생겼는걸"이라며 맞받아칠 때는 앞선 대사에서 터진 웃음이 계속 이어집니다. 두더지가 만나는 동물에 따라 목소리라도 다르게 할라치면 아이들은 더욱 재밌어합니다.

혹시 여러 동물들의 똥이 어떻게 다른지 아시나요? 궁금하다면 이 책을 보면 됩니다. 모양과 색깔, 무르기 정도 등등 여러 동물의 똥에 대해 자연스럽게 배울 수 있습니다. 하얀 물똥은 비둘기, 검은 사과같이 크고 굵은 것은 말, 까만 콩 같은 것은 토끼, 까만 새알 초콜릿 같은 것은 염소, 푸르죽죽한 것은 소, 묽게 뿌지직 소리를 내며 나오는 것은 돼지, 길고 뭉글뭉글 소시지같이 긴 똥은 개, 그리고 작고 까만 곶감 씨 같은 것은 두더지 똥이랍니다. 그림을 보면 각 동물의 똥에 대해 직관적으로 알 수 있기도 한데 각 똥 밑에 간단한 설명도 덧붙여 있어서 이해하기 쉽습니다.

여러 동물의 똥에 대해 읽어나가다 보면 아이의 똥에 대해서도 이야기 나눌 수 있게 됩니다. "○○이 똥은 무슨 색이지?", "냄새가 어땠더라?", "~~ 소리도 나지", 이런 얘기로 자연스럽게 옮겨갈 수 있어요. 방귀 소리도 내면서 말예요. 이렇게 똥과 오줌을 편안하고 자연스럽게 대하는 게 어떤 점에서 중요한 걸까요?

아이의 발달 과정을 이해할 때

프로이트Sigmund Freud의 이론에는 구강기-항문기-남근기-잠복기-성기기와 같은 심리성적 발달단계가 등장합니다. 프로이트는 리비도Libido라는 성 혹은 삶의 에너지가 출생 시부터 신체의 특정 기관에 집중되는데, 각 시기마다 해당 기관에 집중된 리비도를 충족시키는 것이 중요하고 그 방식에 따라 성격 특성이 달라진다고 설명했습니다.

프로이트 이론에 따르면, 구강기는 출생 후 대략 만 1세까지의 시기에 해당되는데 이때는 삶의 에너지가 입에 집중되어 빨고 물고 씹고 깨무는 등의 행위를 통해 만족을 얻습니다. 필요할 때마다 제때 엄마(우유병)의 젖꼭지가 입에 들어와 욕구를 충족했다면 별문제 없이 이 시기를 넘기게 되는데 욕구충족이 너무 과도했거나 혹은 불충분했다면 구강기에 고착되는 성격이 형성됩니다. 지나치게 논쟁적이고 비판적이며 음식에 집착하기도 합니다. 대책 없이 낙관적인가 하면 과도한 음주와 흡연의 특징도 있습니다.

만 3~5세에 해당되는 남근기에는 남자아이가 이성 부모, 즉 엄마에 대한 관심이 증가하면서 엄마를 독차지하고 싶은 마음에 아빠를 제거하고자 하는 마음이 생기는데 이런 자기 심리를 투사하여 아빠가 자기의 남성성을 제거하려 한다는 거세불안Castration Anxiety이 만들어집니다. 이러한 일련의 마음 속 전쟁을 오이디푸스 갈등Oedipal Complex이라고 하는데, 어린 자기로서는 아빠를 상대로 이길 수가 없으니 아빠와의 결투를 어른이 될 때까지 미루고, 엄마가 매력을 느끼고 사랑하는 아빠처럼 되고자 사회적 규범과 질서에 통합되는 동일시 과정을 갖게 되면서 오이디푸스 갈등은 해결됩니다. 남근기에 경험하는 오이디푸스 갈등이 잘 해결되지 못할 시 여아는 청순하면서도 성적으로 유혹하는 양면성을 지니는 성격을 지니게 되기 쉽고, 남아는 전통적인 남성적인 역할을 지나치게 강조하는 성격을 갖게 되기 쉽다고 설명했습니다.

구강기와 남근기 사이에 끼여 있는 항문기는 대략 만 1~3

세 시기로 이때 아이들은 배변 훈련을 시작합니다. 위에서 언급한 괄약근이 성숙해져서 항문 근육을 의도적으로 조이고 푸는 것이 가능해지는 시기입니다. 대부분의 아이들은 시행착오를 거치기는 하지만 비교적 무난하게 이 과정을 지나갑니다. 혼자서 화장실에 가고 뒤처리도 할 수 있게 되는 것이죠. 그런데 어떤 아이들은 이 과정을 굉장히 힘들게 지나갑니다. 지나치게 일찍 배변 훈련을 강요당한 아이, 지나치게 깔끔하고 완벽하기를 기대받은 아이, 그리고 자기의 불만이나 화를 적절히 드러내지 못하는 아이가 대표적입니다.

우리의 삶은 '아름답고 깨끗하고 번듯하고 정돈된 부분'과 이에 반하는 '더럽고 어지럽고 거칠고 부끄러운 부분'이 같이 어우러져 있습니다. 물론 성장하면서 이런 정돈되지 않은 부분에 대해서 적절히 가릴 줄 알게 되고 맥락에 맞춰 말하고 행동할 수도 있게 됩니다. 어른들은 이런 처리를 아주 능숙하게 하죠. 사회생활을 하려면 이런 태도도 갖출 수 있어야 합니다. 집에서 하듯 직장이나 학교에서 행동한다면 어떻게 되겠습니까.

다만 맥락에 맞춰 상황에 맞게 행동하더라도 이게 아주 솔직한 자기 모습과는 다소 차이가 있다는 것을 인식하고는 있어야 합니다. 너무 깔끔하고 완벽하기만을 추구하는 부모들은 자칫 자녀들에게 높은 기준을 적용해서 실수를 너그럽고 허용적으로 받아들이지 못하는 경우가 있는데 이런 부모의 자녀들은 배변 훈련 과정을 어렵게 통과하기도 합니다. 똥이라는 것이 더럽고 냄새가 나는 것인데 처음부터 이것을 완벽하게 처리하는 아이는 없기 때문이죠.

에릭슨Erik Erikson은 대소변을 잘 가리게 되는 것을 통해 유아들이 자기 삶의 기본적인 자율성Autonomy을 획득하게 된다고 했습니다. 욕구를 느꼈을 때 화장실에 가고, 자신의 몸을 통제하여 적절히 배설하는 행위를 통해 아이들은 뿌듯함을 느끼게 되고, 자기 몸을 자기 뜻대로 조절하게 되면서 자신감을 가지고 자기 앞에 놓인 다른 일에 대해서도 도전할 의욕을 품게 된다는 것입니다. 그러니 생리적으로 준비가 되지 않았을 때 배변 훈련을 시작하면 안 되겠죠. 또 훈련에 늘어가더라도 초반에 하는 실수, 즉 변기에 가기 전에 옷에 실수를 한다거나 깨끗하게 뒤처리를 못하는 것에 대해 넉넉히 기다려주어야 합니다.

관대한 마음으로 기다려주세요

어떤 아이는 아예 변기에 앉지 못하기도 합니다. 이때는 변기와 관련해서 아이가 부정적인 경험을 한 적이 있는지 확인해보고, 점차 기분 좋은 장면이나 자극과 연합될 수 있도록 도와주어야 합니다. 변기 근처에만 가도 칭찬을 하거나, 볼일을 다 보지 못해도 앉기만 하고 일어나는 것을 목표로 할 수도 있습니다. 이 시기를 적절히 보내지 못하면 청결과 정돈에 집착하고 돈이나 감정을 나누는 것에도 지나치게 인색해질 수 있다고 합니다. 깔끔하게 뒤처리를 하듯 매사를 매몰차게 처리한다는 것입니다. 반대 방향으로도 부정적 영향이 드러날 수 있는데요, 항문기에 충분히 자기 스스로 변을 보고 처리할 수 있음에도 불구하고 주변에서 지나치게 도와주고 거들어주었을 경우 돈과 시간을 흥청망청 쓰는 낭비벽에, 정리정돈에도 서툴 수 있다고 알려져 있습니다.

또한 아이들은 배변을 통해 자기들의 불만이나 화를 표현할 수도 있습니다. 자기 뜻대로 되지 않을 때 아이들은 울거나 떼를 씁니다. 아이들이 울면 주변의 어른들은 뭔가 아이가 불편해할 만한 것이 있는지 살피고 이를 해결하려 합니다. 그런데 아이들이 보내는 신호에 둔하거나 혹은 무서운 어른 앞에서 아이들은 어떻게 행동할까요? 야단을 자주 치거나 큰소리를 내는 어른들은 의도가 어떻든 아이들에게 무서워 보일 수 있습니다. 아이들이 부모를 지나치게 무서워하게 되면 자기의 욕구를 제대로 드러내지 못하고 눈치를 보게 됩니다. 불만이 있어도 표시하지 못하고 화가 나도 억제하게 되죠.

그런데 이런 불만이나 화는 표현하지 않는다고 사라지는 게 아닙니다. 아이들의 마음 어딘가에 차곡차곡 쌓이게 되고 때로는 이런 불만족스럽고 화나는 마음이 변비나 야뇨, 또는 적절치 않은 곳에 변을 누게 되는 유분증으로 드러날 수 있습니다. 지나치게 통제적이고 둔감한 엄마 밑에 있는 지능이 최우수 수준인 섬세한 남자아이를 상담실에서 만난 적이 있는데요, 이 아이의 문제는 멀쩡한 화장실을 놔두고 베란다 커튼 뒤에 변을 보는 것이었습니다. 학업 성취가 낮아 늘 주눅 들어 있던 아이 역시 변을 옷에 지리는 문제를 가지고 있었습니다. 우리의 몸과 마음은 이렇게 긴밀히 연결되어 있습니다.

이쯤 되면 똥은 더러운 게 아니라 우리 삶의 한 축을 이루는 소중한 부분이라는 것이 깊이 느껴지지 않나요? 우리 아이의 배변에는 별문제 없는지 한번 생각해보고, 또 그 시기를 지난 자녀를 두었다면 배변 훈련 시기를 어떻게 보냈고 그것이 아이의 성격과 어떤 관련이 있는지도 한번 생각해보면 좋겠습니다. 아이의 성격이나 나의 성격이 항문기 고착 성격으로 설명되는 부분이 있다면, 즉 정리벽과 완벽주의, 시간이나 돈뿐만 아니라 감정에도 다소간 인색한 면이 있다면 조금씩 실수를 용납하고 부정적인 측면을 인정하고 보듬어주는 방식을 도입하기 바랍니다. 자기 자신과 자녀들에게 특히 이런 관대한 태도를 취해주세요.

소중한 우리를 위해
나눔으로 높아지는 자존감

어떤 이야기일까?

무지개 물고기

마르쿠스 피스터 글, 그림 | 공경희 옮김 | 시공주니어

깊은 바닷속에 아름다운 물고기가 살고 있습니다. 파랑, 초록, 자줏빛 비늘 사이사이에 은빛 비늘이 박혀 있어 반짝반짝 빛나는 물고기, 바로 '무지개 물고기'입니다. 어느 날 파란 꼬마 물고기가 무지개 물고기에게 반짝이 비늘 하나를 달라고 요청하는데 무지개 물고기는 버럭 소리를 지르며 거절합니다. 깜짝 놀란 파란 꼬마 물고기는 상한 마음을 다른 친구 물고기들에게 일러바치고, 그 사건 이후 다른 물고기들은 모두 무지개 물고기를 피하게 됩

니다. 바다에서 가장 쓸쓸한 물고기가 된 무지개 물고기는 불가사리 아저씨, 문어 할머니를 통해 해법을 찾게 되는데, 그것은 다름 아닌 반짝이 비늘을 나눠주라는 것이었죠. 무지개 물고기가 용기를 내서 파란 꼬마 물고기에게 반짝이 비늘을 나눠주고, 나눔의 기쁨을 알게 된 무지개 물고기가 다른 물고기들에게도 자신의 반짝이 비늘을 나눠주게 되는데요. 마침내 무지개 물고기에게 반짝이 비늘이 하나만 남게 됩니다. 하지만 생각과는 달리, 무지개 물고기는 바닷속 다른 물고기들과 사이좋고 행복하게 살게 됩니다.

나눔의 의미를 알고 있나요

혹시 자신에게 중요한 무언가를 나눠본 경험이 있나요? 정말 바쁜 와중에 다른 사람의 하소연이나 억울한 얘기를 들어주었다거나, 빠듯한 용돈을 쪼개 더 어려운 사람을 위한 모금에 보탰던 일들 같은 것이요. 마르쿠스 피스터의 대표작인 『무지개 물고기』에는 반짝이 비늘의 효과를 내고자 일반 종이와는 다른 재질의 반짝이 종이가 덧입혀져 있습니다. 작가는 우리에게 어떤 삶이 행복한 삶일까에 대해 작은 질문을 던지는 것 같습니다.

우리 모두는 각자 자신에게 자부심을 느끼게 하는 어떤 것을 갖고 있습니다. '나는 ~것 하나는 내세울 만하지'라든가 '내가 ~면에서는 빠지지 않잖아?'라고 생각하는 부분입니다. 혹은 '이것을 갖고 있는 한 나는 안전하다'고 느낄 수 있게 하는 것일 수도 있습니다. 부모들은 조금 더 추상적인 속성을 생각할 것이고, 아이들에게는 겉으로 보아 확인될 수 있는 신체적 특성, 옷차림, 가지고 있는 물건일 경우가 많겠죠.

이런 소중한 것들에 대해 우리의 소유권을 포기하고 남들과 흔쾌히 나누기란 쉽지 않습니다. 『무지개 물고기』는 내가 가진 것들, 내가 아끼는 것들과 이것을 공유하는 것에 대해 이야기 나누기 쉬운 책입니다.

먼저 간단한 문장을 완성해보는 것으로 이야기를 풀어보겠습니다.

- 내가 (가장) 아끼는 것은 _____ 이다.
- 나에 대해 자랑하라고 한다면 나는
  ① _____

② _____

③ _____

을 자랑할 것이다.

(아이들과는 '나의 보물 1, 2, 3호'로 얘기해볼 수 있습니다.)

우리는 우리 자신도 그렇지만 자녀들이 남들과 나누며 더불어 행복해질 수 있는 삶을 살기를 바랍니다. 그런데 이렇게 누군가와 나누기 위해서는 내 안에 무엇이 있는지, 내가 무엇을 가지고 있는지 아는 것이 도움이 됩니다. 먼저 부모가 위에 적힌 간단한 문장을 완성한 뒤에, 아이들과 이야기를 나눠보도록 합니다.

아이에게 어떻게 나눔을 알려줄까

아이가 자신의 자랑거리를 찾지 못한다면 부모가 아이의 장점과 자원을 찾아주면 좋겠죠. 또 자랑거리가 특정 영역에서만 거론된다면 다양한 영역에 걸쳐서 아이가 자랑삼을 만한 것을 찾아보아야 합니다. 가령, 자신이 소유하고 있는 물건에 대해서만 자랑을 삼는다면, 물건은 물건대로 알아보고, 덧붙여 아이의 신체적 특징, 심적 자산 등에 대해서도 언급해주는 것이죠. 양보를 잘하는 것, 친구나 동생을 웃게 만드는 것, 음식을 골고루 잘 먹는 것, 용기가 많은 점이나 상대방의 작은 변화를 잘 알아차리는 것 등은 모두 자랑할 거리가 됩니다.

그림책 속의 무지개 물고기는 자기가 가진 것에 도취된 나머지 친구들과 어울려 지내지 못했습니다. 자기의 자랑인 반짝이 비늘을 친구들과 나누는 것은 꿈도 꿀 수 없었던 거죠. 나눠달라는 친구의 요청을 거절한 이후 다른 물고기들로부터 따돌림을 경험하고 해법을 찾아나서게 됩니다. 문어 할머니는 무지개 물고기의 자랑인 반짝이 비늘을 나눠주라고 하면서 그렇게 되면 가장 아름다울 수 없을지 모르지만 지금보다 훨씬 더 행복하게 될 거라고 조언해줍니다. 처음으로 용기 내어 자신의 반짝이 비늘을 나눠줬을 때 기뻐하며 돌아가는 친구 물고기를 보면서 무지개 물고기는 이상한 기분을 느낍니다. 그리고 주위로 몰려든 다른 친구들에게 반짝이 비늘을 나눠주면서 무지개 물고기의 기쁨이 커져갑니다. 무지개 물고기의 반짝이 비늘을 나눠 받은 다른 물고기들로 인해 바다가 온통 반짝거렸기 때문이죠.

가장 아끼는 보물을 나눠주었지만 무척 행복해졌다고, 나눠주면서 성숙해지는 무지개 물고기를 볼 수 있습니다. 아이들도 그림책 속 무지개 물고기처럼 자신의 보물을 나누면서 기쁨을 경험한다면 앞으로 나눌 수 있는 상황이 왔을 때 그전보다 나누기가 쉬워질 것입니다. 그렇다면 어떻게 그것을 경험할 수 있을까요? 어디서 이런 모델을 볼 수 있을까요?

찬찬히 생각해봅니다. 소중한 것을 나눔 받았던 기억이 있을까요? 주변에서 나눔을 잘 실천하고 있는 사람을 본 적 있나요? 나의 경험과 더불어 아이들과 같이 찾아보는 것입니다. 그리고 이야기를 나눠보세요. 누군가 나를 도와주었거나 보살펴주었거나 돌봐주었던 경험이 있는지, 또 반대로 작게라도 내가 남을 돕거나 나눠주었던 경험에 대해 아이들과 이야기해봅니다.

그중에서도 자신의 소중한 것을 나눠줄 뿐 아니라 나누면서 기뻐할 수 있는 사람은 누구일까요? 아이들이 나눔의 롤모델로 삼을 수 있는 대상은 가까이에 있는 부모일 것입니다. 부모는 자신의 소중한 것을 자녀에게 떼어주고 나눠주면서 기뻐합니다. 나눌 때 경험할 수 있는 기쁨을 자녀들에게 보여주어서 아이들이 호기심을 갖게 해주세요. '무엇 때문에 우리 엄마가, 아빠가 저렇게 좋아할까?' 생각하면서 아이들도 자신의 것을 나눠보고 그런 활동을 통해 기쁨과 보람, 자신의 내면이 차오르는 뿌듯함을 경험할 수 있게 될 것입니다.

함께 살아가는 기쁨을 알아갈 때

우리는 자녀들이 자기의 입장을 잘 표현하고 또 자신의 자원과 강점을 인식해서 이것을 통해 자부심을 느끼기를 바라고 있습니다. 자기 몫을 잘 확보하길 바라지만 그렇다고 자기만 아는 아이가 되길 바라지는 않습니다. 자기 목소리를 낼 줄 알면서 자기가 가진 것을 나눌 줄도 알며, 나눠주면서도 그것으로 인해 빈곤해지지 않고 더 풍성하고 가득 찰 수 있기를 바랍니다.

그러려면 우선 부모들도 나누는 데 익숙해져야 할 것이고 같은 맥락으로 아이들에게 나누는 것의 부요와 기쁨을 경험하고 그 비밀을 아이들에게 행동으로 가르쳐주어야 합니다. 나눠주면 없어지고 빈곤해지는 것이 아니라 새로운 방식으로 채워진다는 것을 어려서부터 경험할 수 있도록 도와주세요.

그런 의미에서 저는 무지개 물고기가 자신의 오만함으로 인해 따돌림 당하면서 친구들과 놀지 못하게 되었을 때를 다시 주목하게 됩니다. 만약, 이때 무지개 물고기가 친구들에게서 소외되어 혼자 남게 된 현실에 기여한 자신의 몫을 인정하지 않고 친구들 탓만 하면서 자기만의 세계로 더 빠져들거나, 문어 할머니의 비법 앞에 용기를 내지 못했다면 어떻게 되었을까요? 정말 그랬다면 무지개 물고기, 또 그 무지개 물고기가 사는 바다 세계는 어떻게 되었을까요?

더불어 같이 지내는 삶이 주는 넉넉함에 대해 소개하고, 서로 달라 불편하기도 하지만 그래서 지루하지 않고 다양성으로 인해 재밌다는 것을 알려주며 계속 또래 관계를 맺으며 세상 속으로 나아가는 것을 격려해주는 역할을 부모가 해주어야 합니다. 무지개 물고기가 친구들에 대해 불평하며 혼자 시간을 보내려고 할 때 어떻게든 또래와 어울릴 기회를 만들고 이끌어주는 역할을 해주어야 하는 것이죠.

문어 할머니처럼 아이의 대인 관계에 문제가 생겼을 때 해결하는 데 도움이 되는 방법을 알려주는 것도 부모가 맡아야 할 과제입니다. 매번 문어 할머니처럼 삶의 연륜이 녹아들어간 통찰 깊은 메시지를 줄 수는 없다 하더라도 또래와 놀이

하는 우리 아이의 행동과 말을 주의 깊게 접하면 실제적인 비법을 넌지시, 또는 직접적으로 전수할 수 있을 것입니다. 이렇게 같이 어울려 사는 삶에 공을 들이는 부모를 보며 아이들도 역시 친구와 더불어 잘 지내는 삶에 대해 가치를 부여하고 노력할 것입니다.

괜찮아, 괜찮아, 수없이 들려줄게
어른이 된, 어른이 될 너

> 어떤 이야기일까?

돌 씹어 먹는 아이

송미경 글, 세르주 블로크 그림 | 문학동네

돌 씹어 먹는 아이. 돌을 먹는 아이라는 걸 알면 가족들이 실망할까 봐 말하지 못한 채 여행을 떠났는데 긴 여행 끝 돌산에서 수염이 하얀 할아버지를 만났어요. 할아버지는 단번에 내가 돌을 먹는다는 걸 알아차렸지만 아무 말도 하지 않았어요. 돌산에는 돌 씹어 먹는 아이들뿐이었는데 함께 돌을 씹어 먹는 경험은 굉장했어요. 실컷 돌을 먹은 아이들은 모두 집으로 돌아갑니다. 계속 돌을 먹어도 된다는 승인을 받은 채로요. 집에 돌아와 가족들의 환영을 받은 나는 '돌 씹어 먹는 아이'라는 것을 용기 내어 고백했어요. 그러자 아빠도 엄마도, 또 누나도 각자 말하지 않던 것을 고백했어요. 그날 밤 우리 가족 모두는 오랜 시간 눈물을 쏟아내고 한자리에 누워 깊이 잠들었어요. 다음 날 각자 좋아하는 것으로 도시락을 싸서 계곡으로 소풍을 갔고 멋진 식사를 했어요. 가을이 오면 또 놀러 갈 거예요.

내 마음을 꺼내놓는다는 것

주인공이 돌을 씹어 먹는다는 것을 처음엔 아무에게도, 가족에게조차 말하지 못한다는 대목에서 저는 상담이 생각났습니다. 우리는 상담이나 심리치료, 정신의학과 의사와의 면담 등이 낯설지 않은 시대를 살고 있잖아요. 대학에서 장차 상담자로 활약할 인력들을 가르치다 보면 학생들로부터, 또 일반인들로부터 상담이 어떤 것인지에 대해 질문을 받곤 합니다. 저는 상담이라는 것은 누군가의 비밀을 책임지는 일이라고 생각합니다. 누군가의 비밀을 담담하게 그러나 아주 소중하게 듣고, 그 비밀에 얽힌 사연에 마음을 쏟는 것이 상담이라고 말해주고 싶습니다.

상담실을 찾아온 내담자들은 상담하러 와서 "이런 얘기를 처음 해본다"는 말을 많이 합니다. 누군가 알면 자신을 바라보는 시각이 달라질 것 같아서 절대로 입 밖에 낼 수 없다고 생각한 일을 얘기하는 장소가 상담실이 되는 거죠. 그런데 이런 비밀이 즐겁고 신나는 일일 가능성은 낮기 때문에 통상 슬프고, 아프고, 그래서 가슴이 먹먹해지기도 합니다.

그래도 그 비밀의 무게에 압도되지 않아야 합니다. 내담자에게 공감해주지만 상담자가 자기를 잃지 않아야 합니다. 그래야 내담자들은 이야기를 계속 할 수 있고, 자기의 비밀을 풀어놓게 됩니다. 실은 자기가 돌을 씹어 먹는다는 것을, 못을 먹는다는 것을, 지우개, 흙 등등을 먹는다는 것을요.

내담자들이 갖고 있는 증상, 호소하는 문제는 내담자들에게 너무 익숙한 것일 때가 많습니다. 함께해온 시간이 길어서일 것입니다. 처음 이 문제들이 내담자의 삶에 찾아왔을 때, 그리고 내담자의 삶에 깃들기 시작했을 때는 이 문제들에도 기능이 있었을 거예요. 제 역할이 있었을 거라는 거죠.

학대당하는 아이가 해리Dissociation* 시켜서 자신을 보호하는 것이 대표적인데요, 제정신으로는 그런 상황을 버틸 수가 없기 때문입니다. 내담자의 고통스러운 이야기를 정성스럽게 들으면서 이런 맥락을 이해하는 게 중요합니다. 증상이 만들어질 수밖에 없었던 배경과 특정 시기에 내담자를 지켜주었던 증상의 기능을 이해하고자 애씁니다. 그리고 그 이해를 바탕으로 내담자 역시 자신을, 자신의 슬픈 과거를 볼 수 있도록 돕고자 합니다. 그래서 상담 시간은 만남의 시간이기도 합니다. 다시는 떠올리고 싶지 않았던 시간, 애써 구겨넣은 채 한 번도 꺼내지 않았던 장면 속 자신, 혹은 누군가를 만나는 시간인 것이죠.

그때의 내가 받았어야 하는 보호, 도움, 돌봄을 내가 제공하고 나를 아껴줍니다. 또 그 장면에 함께 등장하는 인물에게서 듣고 싶은 말을 듣는 시간도 갖습니다. "미안해", "사랑해", "고마워" 이런 말들이 등장합니다. 그리고 그 만남의 시간엔 많은 경우 눈물이 흐릅니다. 통곡을 하기도 하고, 여러 번 반복해서 울기도 합니다. 눈물을 흘리면서 가지고 있던 서러움, 억울함, 죄책감, 수치심, 고독감, 분노 등도 같이 씻겨 내려가고 고여 있던 강한 감정들이 조금씩 옅어집니다. 눈물이 이런

- 의식의 분리. 극도의 고통과 충격적 상황을 견디기 위해 생각, 기억, 감정 등을 분리하는 현상.

부정적이고 아픈 감정들을 가지고 나가는 것만 같습니다.

   속상한 일이 있을 때 혼자 우는 것이 도움이 됩니다. 실컷 울고 나면 개운해지기도 하고 문제를 잘 해결할 수 있을 것 같은 용기가 생기기도 하죠. 그런데 자칫 혼자 우는 울음은 자기연민으로 빠지기 쉽습니다. 그래서 치유를 극대화시키려면 목격자가 필요합니다. 내담자의 통곡이나 소리 없이 흘리는 눈물을 방해하지 않고 이해하는 마음으로 그 상황을 함께하며 주목한다면 치유의 시간이 될 수 있습니다. 이런 시간을 누릴 만하다는 승인의 표시니까요. 작정하고 혼자 울며 스스로를 자유롭게 해줄 수도 있지만 가능하다면 나를 전폭적으로 지지해주는 사람 앞에서 우세요, 배우자, 친구, 선후배도 좋고, 상대가 상담자라면 더 좋겠죠.

내 상처를 함께할 때

   이야기 속 내가 용기 내어 처음 돌을 씹어 먹는다는 것을 얘기하자 가족들마다 각자의 비밀을 털어놓고 울었던 대목 앞에선 진솔한 사람들이 모여 하는 집단상담을 보는 듯한 느낌도 받았습니다. 여러 명의 집단원들이 각자 자신의 사연을 내놓으며 서로에게 "나도 그래", "그럴 수 있어"라며 받아들여지고 격려받는 집단상담 장면과 꼭 닮았기 때문입니다.

평소 일용직 노동자 아빠를 무시하고 불평하는 마음이 많았던 한 내담자는 아침에 일을 나가지 않고 누워 있는 아빠를 구박하며 깨웠는데 아빠가 돌연사한 후였다고 했습니다. 갑작스런 아빠의 죽음에 놀랐고, 대책 없이 돌아가신 아빠가 미웠고, 그런 아빠를 몰아부쳤던 자기 자신이 용서가 안 된다며 울었습니다. 다른 집단원들은 잠자코 그 집단원의 이야기를 들어주었고 누군가는 어처구니없는 과오를, 또 다른 이는 지금도 지속되는 슬픔을 털어놓았고, 뻔뻔스러움과 어리석음도 꺼내놓았습니다. 크고 작은 흐느낌, 콧물과 땀, 배려하는 침묵, 그리고 한껏 고조된 긴장을 허무는 웃음까지 모두 한데 버무려져 우리는 각자의 상처를 보듬어주었던 따뜻한 시간을 가질 수 있었습니다.

진짜 나의 치부라고 생각되어 다른 사람에게 말은커녕 혼자 생각하기도 어려운 주제를 갖고 있나요? 그 무거운 짐을 낑낑대며 가지고 가느라 힘에 겨운가요? 그 일에, 그 지점에서 잠시 떨어져 나와 거리를 두고 바라보세요. 그 일이 일어났던 상황, 그 특성이 유지되고 있는 맥락을 제3자가 되어 살펴본다면 스스로에게 조금은 너그러워질 수 있습니다. 그 너그러움을 토대로 어리고, 약하고, 그래서 비겁하고 독해 보였던 자신을 용서할 수 있습니다. 이런 작업을 여러 번 반복한다면 어쩌면 절대로 용서할 수 없다고 여겼던, 나를 그토록 춥고 수치스럽게 만들었던 그 상대의 무지와 약함이 눈에 들어오고 급기야는 작아진 그 상대를 용서하는 데까지 나아갈 수 있습니다.

상담실에서는 이런 작업을 위해 '빈 의자Empty Chair 기법'을 활용합니다. 실제로 빈 의자를 가져다놓고 어린 시절 혹은 지금의 나, 또는 나와 감정적으로 강하게 얽힌 누군가를 소환합니다. 그러고는 대화를 합니다. 이때 나누는 대화에도 절차가 있습니다.

가장 먼저 ① 내가 하고 싶은 말을 합니다. 그다음은 ② 상대방이 내가 한 말에 대해서 할 것 같은 말을 내가 합니다, 그 사람이 되어서요. 다음은 ③ 내가 그 사람으로부터 듣고 싶은 말을 내가 나에게 합니다. 필요하면 ①과 ②를 반복합니다.

'내가 나에게 하는 말이 뭐 그리 대단해?'라고 생각할 수 있지만 우리 입을 통해 나간 말이 귀로 들릴 때 이상하게도 힘이 실립니다. 감정을 실어서 진지하게 말할수록 그 효과는 더욱 커집니다. 상담실에서는 상담자가 내담자를 도와 상대역을 하기도 하고, 내담자 역할을 하며 돕기도 합니다.

직접 상대에게 말을 하는 것이 꺼려지는 내담자에게는 이런 작업을 심상Image 속에서 진행하도록 돕습니다. 다른 형제에 치여 부모님께 관심받지 못한 채 집에서 이방인처럼 외로움을 느꼈던 한 내담자는 심상으로 과거의 자기를 만나는 작업을 했는데 나중에 그 회기를 회상하며 '전생소환' 시간이라고 말하기도 했습니다.

말로 하는 것에 자신이 없다면 글로 써보아도 좋습니다. 실제로 부치지 못할, 그러나 꼭 한 번은 했어야 할 말을 담고 있는 글 말이죠. 그 상대를 생각하며 편지를 써보세요. 대사 처리되는 글은 생동감이 있기 때문에 더 몰입하게 되어 효과가 좋습니다. 상대방에게 할 말을 다 써보고, 상대가 되어 나에게 답장하듯 글을 또 써보는 겁니다. 이렇게 주거니 받거니 하면서 편지가 오가다 보면 문제와 상황, 나와 상대를 보는 시각이 달라질 수 있습니다.

마음의 문을 넓혀서 보면

그림책 속에서는 수염이 하얀 할아버지가 돌 씹어 먹는 것쯤은 아무런 문제가 되지 않는다고 승인하고 타당화 Validation 해주었죠. 외부의 권위자가 나의 행동과 실수, 잘못에 대해 용인해준다면 좋겠지만 그럴 상황이 아니라면 궁극적으로 나에게 이런 자비를 베풀어야 할 사람은 바로 나입니다. 마음에 뭉쳐 있던 응어리가 풀어지고 말랑해져야 주변 사람을 대할 때 조금 더 너그럽고 넉넉해질 수 있는 것이죠.

자녀의 사소한 잘못에도 그냥 넘어가지 못하고 잔소리하는 부모를 종종 만나는데요, 이들은 대부분 자기 자신에게도 굉장히 인색합니다. 그 매몰참 밑에는 스스로에 대해 여전히 부족하다는 허기감과 뿌리 깊은 열등감이 자리 잡고 있습니다. 부모 스스로 자신의 열등감을 해결하고, 평생 감추려 애쓰던 자신의 약점을 받아들이고 화해하고 나면 자신의 삶이 여유 있어질 뿐만 아니라 다른 사람, 특히 자녀의 허물과 부족함에 대해 너그러운 마음을 갖게 됩니다. 그러면 점차 어그러진 관계도 회복되기 시작합니다. 자녀를 부모의 취향대로 조각하거나, 부모가 원하는 대로 움직이도록 은밀히 조정하는 일을 포기하고 아이의 존재에 감사하며 인격을 있는 그대로 기뻐한다면 아이는 너무 늦지 않게 자기의 빛깔을 찬란히 드러낼 수 있습니다. 부모가 자신의 '돌 씹어 먹는' 행동에 대해 "괜찮아, 그럴 수 있어"라고 받아주는 마음에서부터 이런 변화가 시작될 수 있는 것이죠.

우리 마음속 비밀과 그 비밀에 감춰져 있는 상처를 어루만지고 허용하는 일은 이처럼 중요합니다. 조금 더 구체적으로는 부모와 자녀의 증상과 장애, 기질적 특성, 어쩌지 못한 채 자꾸 반복되는 습관이나 단점으로 바꿔 생각할 수도 있습니다. 적용 범위나 내용이 달라지더라도 그것을 다루는 기본적인 태도와 방식인 '너그럽고 친절하게, 그리고 자비롭게'를 기억한다면 생기 있고 당당하며 무엇보다 조금 더 '나답게' 인생을 풍요롭게 살아갈 수 있을 것입니다.

두 번째 시간

감정 다루기

말을 통해 내가 높아지는 순간
감정을 말로 표현하는 법

> 어떤 이야기일까?

말들이 사는 나라
윤여림 글 | 최미란 그림 | 위즈덤하우스

말들이 사는 나라 안에는 칭찬말, 웃음말, 기쁨말, 끄덕말, 사과말, 용서말, 도움말, 배려말 등 착한 말들이 삽니다. 또한 투덜말, 심술말, 화난말 등 나쁜 말도 삽니다. 나쁜 말들을 피해 착한 말들이 숨어 지내자 재미없어진 나쁜 말들은 떠나고 마을에 평화가 찾아옵니다. 그런데 구름요정이 찾아와 말들이 원하는 비, 햇살, 케이크, 베개 등을 척척 만들어줍니다. 이에 대한 답례로 요정은 말똥가루를 원하는데 착한 말들의 똥가루를 먹을수록 구름

> 요정은 노래지고 커지고 사나워집니다. 급기야 황금똥가루 공장이 만들어지고 착한 말들은 똥가루 만드는 일만 하게 됩니다. 바로 이때 나쁜 말들이 돌아오고 이들은 구름대왕(구름요정이 변해버림)의 요구에 "싫어!", "사라져!", "필요 없어!" 등의 말을 해 구름대왕을 물리칩니다. 착한 말들과 나쁜 말들은 상대의 말을 배우고, 필요할 때 나쁜 말과 착한 말을 다 사용할 수 있어야 한다는 것을 알게 됩니다.

착한 말과 나쁜 말에는 무엇이 있을까

이 책의 저자 윤여림 작가는 우리말이 가진 재밌는 특성, 소리가 같아도 뜻은 다를 수 있는 그 묘미를 소재로 동화를 만듭니다. 이 책의 주인공인 말도 두 가지 뜻을 갖고 있어요. 우리가 하는 말(言, word), 그리고 타는 말(馬, horse)이죠. 작가는 이 두 개를 모두 아울러 이야기를 전개해나갑니다.

눈을 뜨고 나서 다시 잠자리에 들 때까지 우리는 굉장히 많은 말을 합니다. 말 한마디로 천 냥 빚도 갚고 뾰족한 말 한마디에 상처받거나 낙담도 하게 되죠. 이렇게 큰 힘을 지닌

말! 어떻게 사용해야 좋을까요? 『말들이 사는 나라』는 아이들과 함께 말을 사용하는 것에 대해 이야기하기 좋은 그림책입니다.

아이들에게 흔히 "그렇게 나쁜 말을 쓰면 안 돼, 착한 말을 써야지"라는 말을 합니다. 우리가 생각하는 착한 말에는 어떤 게 있나요? "고마워", "미안해", "사랑해", "넌 참 용감하구나", "신난다", "정말 예쁘다!" 또 어떤 말이 있을지 아이와 함께 찾아보세요. 작은 종이카드를 준비해서 아이가 생각한 말을 적어보면 그야말로 우리가 만드는 '착한 말 카드'가 됩니다. 아이가 미처 생각하지 못한 말이 있으면 부모가 찾아주어도 좋습니다. 그리고 이 카드로 계속 이야기를 나눠보세요.

- 각각의 카드에 적혀 있는 착한 말을 언제 들었는지? 언제 해보았는지?
- 이런 착한 말을 들었을 때 내 기분은 어떤지?
- 이 착한 말 중 들어보지 못한 말은 무엇인지?
- 나는 이 착한 말을 누구에게 잘하는지?
- 각각의 착한 말을 선물하고 싶은 사람이 있는지?
- 우리 집 또는 다니는 기관이나 학교에서 착한 말을 제

일 많이 가지고 있는 사람은 누구인지?

그 외에도 아이와 이야기를 나누면서 엄마도 아이도 창의적인 질문을 만들어볼 수 있을 거예요.

이제 우리가 사용하는 나쁜 말에 대해 알아볼까요? 투덜대고 불평하고 심술부리고 짜증내고 화내는 말! 이런 건 나쁜 말로 알고 있죠. 실제로 상당 부분 그렇고요. 그래서 아이가 불평하거나 투덜댈 때 "예쁘게 말하자~", "착한 말을 해야지"라고 하잖아요. 아이가 자주 사용하는 나쁜 말에는 어떤 게 있나요? 또 아이가 생각하는 엄마의 나쁜 말은 뭘까요? 이렇게 해서 '나쁜 말 카드'도 만들어볼 수 있어요. 착한 말로 했던 활동을 그대로 할 수 있죠.

그런데 이 책을 보면 나쁜 말이 필요할 때가 나옵니다. 욕심 때문에 구름요정이 구름대장으로 바뀌고 난 뒤 똥가루를 만들어 바치라고 명령하잖아요. 그럴 땐 "싫어! 너나 만들어!", "구름황인지 구름꽝인지 시끄러워 죽겠어!", "필요 없어" 등 솔직한 내 바람이나 느낌, 생각을 말할 수 있어야 하는 거죠. 주변의 억지, 강요 등에 대해서는 거절할 수 있고 무시할 수도 있으며 상대방의 요구에 맞서는 내 주장을 펼 수 있어야 합니다. 이럴 때는 평소 나쁜 말로 알려져 있는 말들이 꼭 필요한 말이 된다는 것을 아이에게 알려주세요. 그러니 사실 착한 말과 나쁜 말이 늘 정해져 있는 게 아니라 상황에 따라 달라질 수 있고 때로는 나쁜 말을 할 수 있어야 합니다. 아이들이 이 원리를 잘 이해할 수 있을까요?

말하는 데도 연습이 필요한 이유

우리 아이가 필요할 때 자기 의견을 적절히 말하지 못한다고 생각한다면 이 부분을 잘 연습시킬 필요가 있습니다. 이때 활용할 수 있는 것은 동화, 만화, 영화 등의 장면들이에요. 억울한 누명을 쓰고 있다거나 하기 싫은 일을 강요받는 장면, 사과하고 싶은데 기회를 못 잡는 장면, 이런 장면들을 놓고 어떤 상황인 것 같은지 설명해보도록 하고, 해당 상황에서 주인공 혹은 다른 등장인물의 심정이 어떨 것 같은지, 각각 어떤 말을 할 수 있을지에 대해 얘기 나눠보면 됩니다. 혹은 엄마가 보기에 뭔가 아이의 대응이 적절하지 않았다, 미진했다고 생각되는 장면이 있거나 엄마가 같이 있지는 않았으나

들어보니 조금 더 적극적인 대처가 필요했다고 생각되는 상황이 있다면 그때를 재현해보는 것도 좋습니다. 집에 돌아와 아이와 차분히 얘기할 수 있을 때에 말이죠.

상황극을 만들려면 일단 그 장면에 대해 자세히 아는 것이 중요합니다. 상황, 등장인물, 등장인물들 간의 대사, 이런 것들이 파악되어야 합니다. 아이가 자기가 했던 말을 해보고, 상대 아이가 했던 말은 부모가 해주는데 이렇게 몇 번 왔다갔다 대사를 하게 되면 상황 속에서 무슨 일이 일어났는지 조금 더 자세히 알 수 있을 것입니다. 그 다음에는 상대방과 아이의 역할을 바꾸어서 대사를 해보게 하는데 그러면 아이가 상대방의 입장을 이해하는 게 조금 더 수월해질 수 있습니다. 이렇게 아이가 상대방 역할을 해보고 난 다음에는 다시 자기 역할로 돌아와서 상대방에게 하고 싶은 말을 해보게 하는 겁니다. 그때는 제대로 전달하지 못했지만 이제는 말할 수 있겠다 싶은 말을 정리해서 한번 내뱉어보는 것이죠. 아이의 대사를 들어보면 진짜 아이의 마음이 무엇이었는지 알 수 있게 됩니다.

지금은 멀쩡히 얘기를 잘하면서 그때는 왜 한마디도 못했냐고 비난하지 마세요. 이제라도 얘기를 할 수 있는 게 어딘가요? 그리고 엄마나 아빠 앞 안전한 공간에서 자기주장을 할 수 있는 연습이 충분히 된다면 친구들과 예상치 못한 갈등이 일어나거나 아니면 다른 사람들에게 오해를 받는 상황에서도 차분히 자기의 입장을 얘기할 수 있는 준비가 될 것입니다. 역할극을 해보면서 아이가 느낀 것에 대해서 말할 수 있는 기회를 주고, 자기 생각과 느낌을 표현한 아이를 격려도 해주세요.

"○○이가 **이랑 싸웠다고 했잖아. 어떻게 된 것인지 엄마한테 자세히 얘기해줄래?"

"○○이가 ~게 말했구나. 그랬더니 **이는 뭐라고 한 거야?"

"이제 ○○이가 **이가 되어서 **이가 한 말을 한번 해볼까?"

"**이가 한 말을 해보니 어때?"

"○○이가 **이에게 하고 싶은 말은 어떤 거야? 그때로 다시 돌아간다면 뭐라고 하고 싶어?"

"엄마는 ○○이랑 같이 역할극을 해보니까 그 상황이 이해가 되었어. 자기 생각이랑 기분을 솔직하게 말해주어서 고마워."

"친구랑 의견이 맞지 않을 때 오늘 엄마랑 연습한 것처럼 친구에게 말해보면 어때?"

부모가 이렇게 대화해주세요

아이들이 자기 의견을 말하고 드러내기 좋은 연습 장소는 가정입니다. 가족 안에서, 엄마, 아빠 앞에서 자신의 의견을 말하고 그것이 존중받고 수용되는 경험, 그것이야말로 우리 아이가 확실하게 자기를 드러내고 주장하는 효과적이면서도 안전한 연습이 될 것입니다.

아이가 의견을 내놓았을 때 최대한 반영해주세요. 억지스러운 것이라도 무시하지 말고 일단 들어주세요. 그리고 상황에 맞게 절충할 수 있는 지점을 찾아주세요. 지금 당장 들어줄 수 있는 게 아니라면 잘 기억해두었다가 나중에 아이의 생각을 들어줄 수 있을 때 떠올려주세요. 아이가 편하게 자기 생각과 느낌을 말할 수 있게 해줍니다.

때로는 엄마의 기분을 상하게 하더라도 들어줄 수 있어야 합니다. 아이의 기분에 대해서는 가능한 한 "그럴 수 있었겠다"며 인정해주세요. 엄마의 눈치를 전혀 보지 않는 아이도 키우기 힘들지만, 부모의 기분을 너무 잘 살피고 맞춰주는 아이도 어렵기는 마찬가지입니다. 후자의 아이들은 대개의 경우 자기를 드러내지 않고 주변에 자기를 맞춥니다. 가정에서는 부모나 다른 형제를, 밖에 나가서는 친구들을요. 그 수준이 적당하면 배려하는 것이지만 지나치면 자기를 상하게 하고 정말 필요할 때에 제 목소리를 내지 못하게 될 수도 있습니다. 그러니 아이들이 자신에게 소중한 사람일지라도 때로는 그 사람을 서운하게 할 수도 있다는 것을 일찌감치 습득할 수 있도록 가르쳐주어야 합니다.

여기서 다시 한번 강조하고 싶은 것이 있습니다. 자신의 감정을 그대로 말할 수 있게 해주는 것입니다. 자기 기분 말이죠. 많은 부모가 슬퍼, 짜증나, 화나, 부끄러워, 불안해, 긴장돼, 속상해 같은 부정적인 감정을 말하는 것은 나쁜 말이라고 생각하는 것을 봅니다. 그래서 가급적 이런 말은 하지 않았으면 하고 바라기도 하죠. 하지만 기분대로 행동하는 게 나쁜 것이고, 오히려 이런 기분이 들었다면 그 기분을 말로 표현하는 것은 가장 안전하게 그 감정을 다루는 방법입니다. 어찌되었건 발생한 기분은 사라지지 않는데 아이들이 엄마, 아빠 눈치를 보며 자기 기분을 제대로 살피거나 인식하지 못하면 처리할 수도 없어집니다. 그러다 이상한 맥락에서 그 기분들을 터뜨릴 수도 있어요. 그게 더 위험한 일이 될 수 있습니다. 그러니 아이와 감정을 말로 표현해보세요. 감정, 기분을 나타내는 감정 말 혹은 기분 말들을 떠올려보고 필요하다면 카드도 만들어보는 거죠.

그리고 기분 나쁜 감정을 어떻게 말로 표현하는 것인지 아이에게 보여주세요. 부모가 자신의 감정을 자연스럽게 드러내고 표현할 때 아이는 배우게 됩니다. '아, 내 기분을 이렇게 말해도 되는 거구나' 자신의 기분을 자기 것으로 인정할 수 있어야 비로소 그 기분을 다룰 수 있게 됩니다. 아이와 억울하고 우울하고 서러운 기분에 대해서 조금 더 얘기해보고 싶다면 그림책 『눈물바다』를 더 읽어도 좋고, 영화 『인사이드 아웃』을 같이 보면서 감정에 대해 여러 얘기를 나눠봐도 좋습니다.

우리 아이들이 말들을 통해 각자의 내면을 더 잘 이해하고, 상대방의 속마음도 잘 알아주며 서로 잘 이해할 수 있게 되기를, 그 과정에서 부모의 지혜가 촉진제가 될 수 있기를 바랍니다.

이 마음이 너를 삼키기 전에
아이의 걱정 마주하기

어떤 이야기일까?

겁쟁이 빌리

앤서니 브라운 글, 그림 | 김경미 옮김 | 비룡소

빌리는 걱정이 많습니다. 모자, 신발, 구름, 비, 그리고 커다란 새도 걱정거리입니다. 아빠는 이 모든 걱정이 빌리의 상상일 뿐이라 하고, 엄마는 무슨 일이 있더라도 엄마, 아빠가 빌리를 꼭 지켜줄 거라고 합니다. 남의 집에서 자게 될 때면 걱정이 더 많아지는 빌리가 할머니 집에서 자게 되었을 때 걱정 때문에 잠을 잘 수가 없어 할머니께 말씀드렸어요. 빌리의 걱정에 대해 할머니는 재밌는 상상이라고 하시면서 자그마한 걱정 인형을 들고 나오셨

> 어요. 자신의 걱정을 인형에게 말해주고 편안해졌던 것도 잠시, 곧 빌리는 걱정을 짊어진 인형들 걱정을 하게 되었어요. 그러다 마침내 아주 많은 인형들을 만들어서 걱정 인형들의 걱정을 책임지게 해주었답니다. 그 후에 빌리와 빌리의 걱정 인형 모두 편안히 잠들었어요.

걱정으로부터 자유로워질 수 있을까

걱정 인형은 과테말라의 오래된 풍습이라고 하죠. 자그마한 인형을 만들어서 그 인형에게 자신의 걱정을 말하고 베개 밑에 넣어두면 밤새 걱정 없이 잘 잘 수 있다고 해서 한때 우리 사회에서도 걱정 인형이 유행한 적이 있었습니다. 이 책에서 빌리는 걱정 인형, 또 걱정 인형의 걱정 인형을 만들어서 걱정을 잠재웁니다. 우리도 이렇게 걱정 인형만 많이 만들면 걱정으로부터 자유로워질 수 있을까요? 그러려면 대체 몇 개의 인형이 필요할까요?

흔히 우리가 걱정이라고 하면 불안이 같이 떠오르고 실제로 이 둘이 같이 경험되는 일도 많아서 걱정과 불안이 같은 것이라고 생각할 수도 있지만 이 둘은 구분이 됩니다. 학자들은 불안은 감정으로, 걱정은 생각으로 분류합니다. 예를 들면, '친구들이 나를 싫어할까 봐'는 걱정, 즉 부정적인 생각이고 이런 걱정 때문에 경험하게 되는 떨리고 조마조마한 기분은 불안입니다. 물론 중요한 것은 불안이냐 걱정이냐, 혹은 기분이냐 생각이냐를 구분하는 것이 아니라 걱정이 과도하면 힘드니까 어떻게 하면 이런 걱정을 잘 다루어서 좀 더 편하게 살 수 있나 하는 것이죠.

우리 어른들도 크고 작은 걱정이 많은데요, 어려도 걱정을 달고 사는 아이들이 꽤 있답니다. 우리 아이는 왜 이렇게 걱정이 많은 걸까요? 다른 집 아이는 별걱정 없이 자기 앞에 닥치는 일을 척척 잘 해결하는 것 같은데 말입니다.

걱정이 많은 성향도 타고나는 부분이 있습니다. 기질적으로 걱정이 많고 쉽게 불안해하며 긴장도 잘하는 그런 기질을 물려받은 것이죠. 이런 성향은 부모 중 한 명이나 두 명 모두와 유사할 수도 있고, 부모가 아니라면 조부모와 같이 더 윗대로부터 내려왔을 수도 있습니다. 신체적으로 우리가 눈동자 색이나 머리카락의 곱슬 정도, 피부색 등을 타고나는 것처럼 우리의 심리적인 부분도 타고나는 부분이 있는 것이죠. 이렇게 타고나는 부분은 꽤 강력한 영향력을 가지고 있어서 시간이 흘러도 잘 바뀌지 않고 여러 상황에 걸쳐 두루 나타나는 특징이 있습니다.

또 다른 부분은 환경의 역할인데요, 여기에도 부모의 영향이 있습니다. 부모가 부모 자신의 걱정이나 아이의 걱정을 어떻게 다루는지가 영향을 줄 수 있죠. 걱정은 또 다른 걱정을 불러옵니다. 걱정이 꼬리에 꼬리를 물고 이어지는 것이죠. 사소하게 시작한 부정적 생각이 점점 커져서 더 불길해지고 그러다가 완전히 치명적 결과를 가져오는 데까지 이어지기도 합니다. 그 막다른 결과에 스스로 압도되어버릴 수가 있어요. 만약 부모가 걱정을 키우는 방식으로 대처한다면 아이의 걱정에 대해서도 같은 방식으로 대할 것이고, 그러면 아이는 자연스럽게 사소한 걱정을 치명적인 결과, 파국적Catastrophizing 결말로 이어지는 고리로 발전시켜나가게 될 것입니다. 걱정이 많지 않았던 아이도 이런 방식을 자꾸 반복하다 보면 걱정 많은 아이가 될 것이고, 애초에 걱정이 많았던 아이라면 이런 방식을 더 쉽고 견고하게 익히게 될 것입니다. 걱정 많은 부모는 기질적으로, 또 걱정을 다루는 방식이라는 환경 면에서도 아이에게 영향을 끼치는 것이죠.

아이의 걱정을 다루는 방법들

그렇다면 이런 걱정을 어떻게 다루어나가야 할까요? 우선은 아이의 마음속 걱정을 잘 들어줄 필요가 있습니다. 그러려면 평소에 아이가 부모를 자신의 크고 작은 생각을 편하게 말할 수 있는 상대라고 느낄 수 있어야 합니다. 사실, 이러한 긍정적인 관계 형성은 모든 활동과 개입의 기본 전제가 되는 부분입니다. 아이가 드러내는 생각이나 기분에 대해서 평가나 해석은 잠시 내려놓고 잘 들어주세요. 내 아이가 아닌 옆집 아이라 생각하고, 잘 모르는 아이를 알아가는 과정이라고 생각해보세요. 그러면 적절한 거리와 그에 따른 예의를 지킬 수 있습니다.

이 책 속 빌리처럼 아이들은 자기가 걱정하는 내용이나 걱정하는 자기 자신이 '바보 같다'고 생각할 수 있습니다. 그러면 속 시원히 자기 걱정을 드러내지 못할 수가 있어요. 그러니 놀라거나 비웃거나 하찮게 여기지 말고 어떤 한 개인의 속사정을 잘 알아간다는 마음으로 들어줍니다. 아래 질문들을 활용해서 아이와 대화를 시작해보세요.

"○○이는 요즘 무슨 걱정이 있을까?"
"엄마(아빠)는 요즘 ~ 걱정을 해."
"엄마(아빠)는 어릴 때 ~ 걱정이 있었어."

이때 기억해야 할 원칙이 있어요. 먼저 아이의 걱정을 진지하게 들어주라는 것입니다. 이 책 속 빌리도 걱정했잖아요. 자기의 걱정이 바보같이 들릴 거라고요. 아이들이 하는 걱정 중에는 말도 안 되는 것들이 꽤 있거든요. 듣는 중간 '피식' 웃음이 나올 것 같은 고민인데 너무나 진지하게 얘기하는 아이의 표정과 태도 때문에 또 웃음이 나올 수 있단 말이죠. 그러면 아이들은 자기는 엄청 심각한데 자기 걱정이 어른들에게는 별거 아닌가 보다 싶은 생각이 들어서 앞으로 말하기 어려워지고 진짜 말해야 될 걱정도 숨기게 될 수 있습니다. '뭐 저런 걸로 걱정을 하냐'가 아니라 '저런 일도 우리 아이에겐 마음 쓰일 수 있구나'로 받아주는 거예요. 사실 우리 어른들에게도 뭔가 입 밖으로 꺼내기 어려운, 그러나 꺼림칙한 그런 걱정들이 있잖아요.

또 다른 원칙은 아이의 걱정을 진지하게 들어주되 너무 놀라면 안 된다는 거예요. 엄마나 아빠가 자기의 걱정을 잘 들어주는 건 좋은데 그로 인해서 어른들이 걱정을 하게 되는 상황은 정말 아이가 원치 않을 것입니다. 그러니 최대한 담담하게 들어주는 게 필요합니다. 반응을 너무 과하게 하지 말고 설령 마음속으로 놀라고 우려스럽더라도 별로 짐이 되지 않는 척해야 합니다. 그래야 아이들이 계속해서 자기의 걱정을 엄마나 아빠에게 말할 수 있습니다.

상대방이 자신의 걱정거리에 막 휘둘린다면 다음에 다시 근심을 나누기는 어렵겠죠. '네가 털어놓는 걱정거리 정도는 얼마든지 받아줄 수 있어'라는 듯이 들어주세요. 이렇게 아이의 부모, 아이 주변의 어른들은 아이의 울타리가 되어주어야 합니다. 그 안에 있다면 안전감을 느낄 수 있는 그런 울타리 말이죠.

자, 이제 아이가 하는 걱정의 내용을 알게 되었다면 걱정의 비중, 심각도를 파악할 필요가 있습니다. 내용을 보면 판단이 되겠지만 사소한 걱정이라도 자주 하고, 지속되어온 시간이 오래되고, 그로 인해 아이의 일상이 영향을 받는다면 가벼운 문제는 아닙니다. 비교적 가벼운 걱정이라면 아이가 하고 있는 오해를 풀어주고, 부모의 경험을 토대로 안심시켜주면 됩니다.

"껍질을 조금 먹었다고 탈이 나지는 않아."
"엄마, 아빠가 조금 전에 목소리가 커졌는데 바로 화해했어."
"할머니가 ○○이 때문에 화내신 건 아니야."

아이의 걱정이 지속되는 것이라면, 또 그로 인해 일상에서 불편해지는 게 많다면 이런 걱정, 즉 생각을 다뤄줄 필요가 있습니다. 이렇게 생각을 다루는 기본 입장은 꼼꼼히 생각을 살펴보는 것입니다. 심리학자들은 마치 탐정이 사건의 해결을 위해서 증거를 모으고 퍼즐을 맞추듯이 생각과 상황을 살펴본다고 소개합니다. 처음 생각을 살펴보는 방식은 그렇게 생각할 만한 이유가 있는지를 찾아보는 것입니다.

가족들끼리 생일 축하를 하려고 한 날 오기로 한 시간보다 늦는 엄마를 기다리는 상황을 예로 들어볼게요. 이런 상황에서 아이가 '엄마한테 사고가 났나?' 하는 생각, 즉 걱정을 할 수가 있는데요, 아이가 엄마나 다른 가족이 약속 시간에 늦을 때 이런 생각을 자주 하고 이로 인해 많이 힘들어한다면 이것은 개입할 만한 걱정이라고 할 수 있습니다.

"○○이가 엄마가 늦어서 걱정되는구나. 무엇 때문에 엄마한테 사고가 났을 거라는 생각이 들었을까?"

이때 '왜'라는 의문사를 사용하기 쉬운데 '왜'는 생각보다 답을 하기가 어렵고, 야단맞는 느낌을 줄 수 있어서 이렇게 질문하는 것은 피해주세요.

다음으로는 걱정되는 상황에 대한 대안적인 해석, 설명을 찾아보는 것입니다. 부정적인 예상 말고 다른 방식으로 생각해보는 것이죠. 평소보다 늦는 엄마에 대해서 안 좋은 생각 대신 다른 이유를 생각해봅니다.

"엄마가 예상보다 늦는데, 다른 이유는 뭐가 있을까?"

아이가 다른 이유를 생각할 수 있다면 대안적 해석을 잘 해내는 것이니 그에 대해 칭찬해주고, 다른 이유를 생각해내지 못한다면 주변의 어른들이 대안적 해석을 찾아주세요. 이 경우엔 어떤 대안적 해석이 가능할까요? '차가 밀려서', '일이 덜 끝나서', '선물을 사느라' 등등 여러 이유가 가능할 것입니다.

생각을 살피는 또 다른 방식은 예전에는 어땠는지를 떠올려보는 것입니다. 과거에 엄마가 가족 행사에 늦은 적이 있었는지, 그땐 무슨 일 때문이었는지를 생각하고 사고가 아닐 수 있음에 안심해보는 것이죠.

마지막으로 제가 소개할 방법은 친구나 동생이 이런 걱정을 할 때 조언해줄 말을 찾아보는 것입니다. 이 방법은 여러 상황을 막론하고 굉장히 효과가 좋은 방법입니다. 우리도 자기 자신에게 적용이 잘 안 되는 바를 친구에겐 잘도 조언해주잖아요. 같은 이치입니다. "만약에 친구가 이런 걱정(생각)을 하고 있다면 그 친구에게 뭐라고 말해줄 수 있겠어?"라고 물어보세요. 그러면 상황과 걱정을 다루는 정답 같은 얘기들을 펼쳐놓을지 모를 일입니다.

생각을 다루는 것이 쉬운 일은 아닙니다만 그렇다고 연습해도 익숙해지지 않는 것도 아닙니다. 아이들에게 자기의 생각을 다룰 수 있는 방식을 가르쳐주세요. 처음엔 낯선 방식이라 서툴겠지만 점점 자기 생각에 대해서 점검해보고, 자기의 걱정이 과하다거나 도움이 되지 않는다는 것을 깨닫고 상황을 더 부정적으로 보지 않고 조금 더 현실적으로 파악하는 방법을 익힐 수 있게 될 것입니다. 여러 복잡한 생각들 사이로 새로운 길이 만들어지는 과정이라고 보아도 좋습니다.

길이 새로 날 때를 생각해보면, 처음에는 낯설지만 자꾸 다녀 버릇하면 점점 더 가기 쉽고 편안해지잖아요. 생각 속 길도 그렇습니다. 제가 소개한 걱정을 다루는 방법은 상담실에서 널리 소개되는 방법이니 익혀두었다가 아이들에게도 전수해주면 좋겠죠. 처음에는 부모의 도움과 코치를 받아 자기의 걱정을 다루던 아이들이 머지않아 자기의 생각을 스스로 건강하게 다루고, 나아가 친구들의 걱정도 들어주고 적절히 해결하도록 돕는 조력자로 성장할 것입니다.

모든 감정에는 이유가 있어
화와 분노 다루기

어떤 이야기일까?

소피가 화나면, 정말 정말 화나면
몰리 뱅 글, 그림 | 박수현 옮김 | 책읽는곰

소피가 고릴라 인형을 가지고 재밌게 놀고 있을 때 언니가 자기 차례라며 고릴라 인형을 가져가 버렸어요. 엄마도 언니 편을 들어주었고, 인형을 낚아채 가는 바람에 소피는 장난감 트럭 위로 엎어졌어요. 그래서 소피는 진짜 화가 났답니다. 발을 쾅쾅 구르고, 소리를 지르죠. 소피가 화날 땐 터져 나오는 화산 같아요. 이렇게 화나면 소피는 주저앉을 때까지 달리고, 잠깐 울기도 합니다. 그러다가 바위, 나무, 고사리를 보고 지저귀는 새소리도 듣습니다. 늙은 너도밤나무를 찾아가 그 위에도 오르죠. 그럴 때면 머릿결을 어루만지는 산들바람을 느끼고 일렁이는 물결도 바라봅니다. 드넓은 세상이 소피를 포근히 감싸주면 소피의 기분이 한결 나아지죠. 소피가 나무에서 내려와 집으로 갑니다. 온 식구가 소피를 맞아주고 모든 것이 제자리로 돌아옵니다.

화난 감정의 단계별 변화

우리의 하루를 떠올려봅니다. 어떤 기분으로 하루를 보내고 있나요? 이 책은 우리에게 아주 흔한 감정인 화에 대해 생각해보고, 그것을 건강하게 다뤄내는 방법을 이야기하기에 좋습니다.

우리의 감정 자체는 죄가 없습니다. 우리가 어떤 감정을 느꼈다면 그럴 만한 이유가 있었을 것이고, 감정은 우리 나름대로의 절차를 통해 아주 빠른 시간 안에 형성됩니다. 우리 중 누구라도 '곰곰이 생각해보니 화낼 일이야. 이제부터 화내기로 결정을 했어. 요이땅!' 하면서 화를 내는 사람은 없습니다. 가만히 자신의 내면을 살펴보니 화가 차올라 있는 것을 발견하는 것이죠. 화가 생기고 그 화를 경험하는 것 자체는 문제가 없지만 화나는 대로 행동하는 것은 문제가 됩니다. 그래서 화를 조절하는 것은 필요한 일이고 도움이 됩니다.

독자들은 소피가 화날 만한 상황에서 화가 났다는 것을 쉽게 이해할 수 있습니다. 그런데 간혹 우리들은 우리의 감정이 화라는 것을 인식하지 못할 때가 있습니다. 다른 사람들은 화가 날 만하다고도 하고, 우리의 말이나 행동을 보며 화가 났다고 인식하는데 정작 자기 자신만 화가 났다는 것을 모를 때가 있다는 거죠. 혹은 화를 내서는 안 된다고 생각해서 마음 깊이 화를 눌러놓기도 합니다.

그래서 화를 다루고 조절하는 1단계는 무언가 마음에 감정이 발생했음을 인식하는 것Awaring입니다. 마음이 불편하다면 무언가 감정이 발생했다는 것이고 가만히 마음을 들여다볼 필요가 있다는 얘기입니다. 마치 마음의 신호등에 노란 불이 들어와 잠깐 멈춰야 하는 때와 같은 것이죠. 그다음 2단계는 마음에 발생한 감정을 변별하고 이름을 붙이는 단계 Differentiating & Naming입니다. 이 둘을 구분하기도 하는데 저는 여기서 하나의 단계로 소개하고자 합니다. 내 마음이 왜 불편하지? 뭐가 생겨난 것이지? 내면을 들여다보고 그 감정에 이름을 찾아주는 것이죠. 이 책의 소피였다면 화라는 이름표가 붙겠죠. 감정에 대한 이름표는 화 외에도 슬픔, 부끄러움, 죄책감, 불안 등등 다양할 수 있습니다.

그다음 3단계는 발생한 감정을 자신의 것으로 소유하는 과정Owning입니다. 내 감정을 내 것으로 받아들인다니, 언뜻 이해가 안 될 수도 있습니다. 내 감정이 내 것이지, 그럼 누구 것이란 말일까요? 그런데 의외로 이 과정은 간단하지가 않습니다. 다른 사람에 대한 적의, 슬픔, 수치심과 같은 감정을 느낀다고 하면 감당이 안 되는 순간들도 있기 때문이죠. 하지만 발생한 감정을 자기 것으로 받아들이지 않으면 그 감정에 머무를 수가 없게 됩니다. 머무를 수 없다면 처리하지 못해 감정의 찌꺼기가 남게 되죠. 그렇게 해소되지 않은 감정이 누적되어 쌓이면 나중에 사소한 일로도 폭발할 수 있습니다.

감정의 소유를 도와주려면 감정을 타당화해주어야 합니다. 그럴 만한 이유가 있었다는 것, 그런 감정을 느껴도 된다는 허락과 용인을 말하는 것입니다. 어른들이라면 스스로에게 해줄 수 있겠고 아이들에게는 부모, 선생님과 같은 어른들이 도움을 주어야 합니다. 그리고 이렇게 자신의 감정을 소유하고 나서야 마지막 4단계인 조절과 해결의 단계Regulating &

Solving로 들어가게 됩니다. 감정의 종류에 따라, 감정의 발생 경과 시간에 따라 취할 수 있는 방법과 전략이 조금 다릅니다.

화가 날 때 어떻게 감정을 풀 수 있을까

이 책은 이 부분에 집중했다고 보여집니다. 소피는 화가 났기 때문에 소리를 지르죠. 힘이 빠질 때까지 달리고 달립니다. 그리고 울기도 합니다. 이런 방법은 모두 화를 다루는 데 도움이 되는 방법입니다. 우리 일상에서는 음악을 틀어놓거나 노래방에서 혹은 샤워기를 틀어놓고 소리 지르는 방법 등이 있겠죠. 소리를 지르면 가슴에 맺혔던 응어리가 풀어지는 듯 시원해집니다. 또 달리기와 같은 운동은 건강하게 화를 풀어낼 수 있는 좋은 방법입니다.

육아의 어려움을 해소하기 위해 가족들의 도움을 받아 밤에 동네 걷기, 자전거 타기, 수영하기, 클라이밍, 배드민턴, 필라테스 등을 하는 것은 모두 긴장, 화, 슬픔 등 부정적인 감정을 풀어내는 데 좋습니다. 때로는 우는 것도 필요합니다. 눈물이 나온다면, 또 그 눈물에 이름을 붙여줄 수 있다면 그렇게 흐르는 눈물을 너무 막지는 마세요. 부끄러워하지도 마세요. 소리 없이 흐르는 눈물도, 울부짖으며 통곡하는 울음도 모두 의미가 있습니다. 눈물이 나올 만한 이유에 대해 인정해주고 눈물이 흐르는 그 시간을 소중하게 여겨주세요.

앞에서도 이야기했듯이 혼자 울기보다 눈물을 목격하는 사람Witness 앞에서 우는 것이 더 효과적입니다. 그러면 그 눈물은 서러운 눈물이 아니라 치유와 돌봄의 눈물이 됩니다. 그러니 아이의 눈물에 대해서도 목격자가 되어주세요. 울 만했다고, 울어도 된다고 다독여주세요. 말로 해도 좋고, 가만히 어깨를 토닥여주거나 따뜻한 시선으로 바라봐도 좋습니다.

소피는 나무, 고사리를 보고 새소리를 듣고 아마도 소피가 좋아하는 너도밤나무 위에 올라가 산들바람을 느끼고 일렁이는 물결을 바라보죠. 저는 이 대목이 참 좋습니다. 최근 유행하고 있는 심리상담 이론과도 맞닿아 있거든요. 소리 지르고 달리고 우는 동안 소피는 어느 정도 좀 진정이 되었겠죠. 나무 위에 올라가 바다를 보면서 무슨 생각을 했을까요? 우리가 특정 감정에 휩싸일 때, 어떤 감정을 크게 느낄 때는 그 감정이 좀처럼 변하지 않을 것 같다는 생각이 듭니다. 오늘도, 내일도 계속 우리를 점유하고 압도할지도 모른다는 생각에 더 힘이 빠지기도 합니다.

그런데 인생이 강물이라면 화나 슬픔으로 힘들어하는 지금은 그저 아주 작은 물방울에 불과할지도 모릅니다. 마찬가지로 인생이 아주 긴 선이라면 끝나지 않을 듯 고통스럽게 느껴지는 지금이 선을 이루는 아주 작은 점에 불과하지 않을까요? 세상에 있는 많은 것들은 끝없이 변합니다. 구름의 모양이 계속 바뀌듯, 우리를 힘들게 하는 여러 감정들도 변하게 마련이죠. 이 사실을 기억할 수 있다면 지금의 힘든 감정을 이겨내는 게 조금은 수월할 수 있습니다.

우리에게 고통스러운 감정이 찾아왔을 때 이 감정도 변할 것이고 흘러갈 것이라는 생각을 가지고 감정을 대할 필요가 있습니다. 이런 전제 속에서 당면한 감정들을 슬기롭게 다룰 수 있는 자신만의 방법을 개발해나가야겠죠. 우리는 화가 날 때 이를 해소하기 위해 자신만의 방법을 터득해왔을 것입니다. 잠자기, 사우나 가기, 청소하기, 맛있는 거 먹기, 슬픈 영화 보며 울기, 친구랑 수다 떨기 등등요.

그리고 중요한 것은 자녀들이 거친 감정으로 인해 힘들어할 때 그 감정이 지속되지 않을 것임을 가르쳐주고, 그러나 그 시간이 충분히 힘들 수 있다는 것을 인정해주면서 아이들도 나름대로 자기의 감정들을 다뤄나갈 수 있는 방법을 익히도록 도와주세요.

제가 상담실에서 아이들과 같이 화를 다루는 방법을 소개하자면, 음악에 맞춰 신문지 찢기, 전지에 낙서하기, 천사점토(플레이도우, 찰흙 등) 뭉개기, 칼싸움, 다트 던지기, 물풍선 터뜨리기, 종이벽돌 쌓았다가 무너뜨리기, 풀 그림 그리기 등이 있습니다. 야외나 가정에서 물총 쏘기도 가능합니다. 아이들만의 독특한 비법도 있을 수 있습니다. 어떤 방법이 효과적인지 같이 평가한다면 아이들이 감정을 다루는 전략을 완성해나가는 데 큰 도움이 될 수 있습니다.

화를 다루는 더 깊은 방식들

화를 다루는 조금 더 복잡한 방식도 있습니다. 우리는 동일한 사건을 경험하더라도 그것을 해석하는 방식에 따라 다른 기분을 느끼고 그에 따라 다르게 행동할 수 있습니다. 아이가 화를 내는 상황이나 사건에 대해서 그 과정을 자세히 들어보세요. 무엇 때문에 화가 났는지, 여러 단서들을 아이가 어떻게 해석하고 받아들이는지 살펴보세요. 그 해석이 적절한지, 아이가 오해하고 있는 바는 없는지, 조금 더 정보를 모아야 하는데 섣부르게 결론을 내리며 화를 내는 건 아닌지 확인하고 필요하다면 바로잡아줍니다.

연구에 의하면 공격적인 행동을 하고 규칙을 위반하는 아동·청소년들은 모호한 장면을 대할 때 본인을 위협하고 공격하는 것으로 해석하여 자신을 지키고 보호하고자 상대를 공격한다고 합니다. 친구들의 말이나 표정, 상황을 어떻게 해석했는지, 무엇 때문에 그렇게 행동했는지 물어봐주세요. 아이의 상황을 듣거나 보고, 아이와는 다르게 해석할 수 있을 만한 여지를 발견했는데 아이가 그것을 이해하지 못한다면 상황을 다르게 볼 수 있는 시점을 소개해주면 좋겠습니다. 그래서 아이 입장에서 상황을 바라보는 다양한 시각을 접해봐야 할 것입니다.

지금까지 소개한 방법은 부모 자신의 화를 다루는 데에도 효과적입니다. 부모가 자신의 감정, 특히 화를 어떻게 다루는지는 매우 직접적으로 자녀에게 영향을 미칩니다. 부모가 화를 통제하지 못하고 폭발하는 모습을 자주 자녀에게 보인다면 아이들은 화를 참지 않으려 할 것입니다. 표정을 구기고 큰

소리를 내며 과격한 행동을 하는 것이 강하고 힘이 센 것이라고 여기게 될 수도 있습니다. 이런 구도 안에서 화를 참고 조절하는 것은 약한 것으로 보일 수 있기 때문에 또래 관계에서 말로 감정을 표현하거나 차이를 조정하기보다 자기의 뜻을 관철하기 위해 성내고 위협하며 언성을 높이게 되기 쉽습니다. 그러니 부모는 화가 날 때 무엇 때문에 이런 감정이 생겨난 것인지 살펴보고, 아이의 행동이나 말에 의해 불필요하게 자극받지는 않았는지, 본인의 해석 과정이 과하지는 않았는지 점검해보는 연습을 해야 합니다.

화라는 것이 갑자기 치밀어 오르기도 하지만 그럴 때에라도 대부분 폭발하기 전에 경고 신호가 오니, 경고 신호를 무시하지 말고 잘 포착해서 그 순간을 지나갈 수 있도록 평소에 훈련해두어야 합니다. 제가 만났던 한 어머니는 화가 나고 답답할 때마다 거실에서 바람개비를 불었다고 합니다. 아이가 그 모습을 보고 이유를 물어 솔직하게 말해주었는데, 어느 날 아이가 속상하다며 바람개비를 불고 있더라는 거죠. 그래서 아이와 학교에서 있었던 일을 이야기하고 서로 위로해주었다고 합니다. 본인의 화를 인정하며 조절하고자 했던 엄마의 행동을 보며 아이도 자기 내면의 화를 풀어내고 편안해질 수 있었던 것입니다.

　이렇게 화가 끝까지 치밀어 올라 폭발하지 않도록 해야 합니다. 그렇지 않고 자꾸 폭발해 버릇하면 점점 더 빨리, 더 자주 최고점에 오르게 될 수 있으니, 이런 대처를 통해 나와 아이들이 내면의 화나는 마음을 다루는 데 점점 더 능통해질 수 있도록 노력을 기울일 필요가 있습니다.

내가 없어질 것만 같았어
불안과 두려움이 찾아올 때

어떤 이야기일까?

블랙독

레비 핀폴드 글, 그림 | 천미나 옮김 | 북스토리아이

검은 개 한 마리가 호프 씨네를 찾아왔습니다. 제일 먼저 검은 개를 발견한 호프 아저씨가 '호랑이만 한 검둥개'를 경찰에 신고하자 경찰은 '꼼짝 말고 집 안에' 있으라고 합니다. 그 다음에 검은 개를 발견한 호프 아주머니는 '코끼리만 한 검둥개'가 가족을 발견하지 못하도록 불을 끄라고 합니다. '티라노사우루스만 한 검둥개'를 발견한 애들라인은 커튼을 닫습니다. '빅 제피만 한 검둥개'라고 말한 모리스는 이불 밑에 숨으라는 얘기를 듣습니다. 하

지만 가족의 막내 꼬맹이는 덩치 큰 검은 개에게 자기를 따라오라며 노래를 부르고 앞서 나갑니다. 꽁꽁 언 연못의 작은 다리 밑, 놀이터의 미끄럼틀과 뺑뺑이를 지나 달리고 달립니다. 검은 개는 꼬맹이의 뒤를 따라 달립니다. 꼬맹이가 지나간 작은 곳을 통과하는 동안 검은 개의 몸짓도 작아집니다. 마침내 꼬맹이 집 앞에 당도한 둘, 꼬맹이는 작은 고양이 문을 통해 집 안으로 들어가고 뒤이어 작아진 검은 개도 그 문을 통과해 집 안으로 들어옵니다. 호프 씨네 가족은 검은 개가 어마어마하게 크지도, 무시무시하지도 않다는 걸 알고 기뻐하며 꼬맹이의 용기에 감탄합니다.

불안이 많은 아이들

이 책의 내용을 더 간단히 요약한다면 어떻게 정리할 수 있을까요? 검은 개를 보고 놀란 가족들이 더 많이 놀라고 피할수록 더 두려워지게 되고, 마주하고 같이 시간을 보낼수록 두려움이 작아져서 다룰 수 있게 되었다고 정리해볼 수 있겠죠. 혹시 이런 기제가 우리가 매일 일상에서 경험하는 정서와 닿아 있다면, 그건 어떤 것일까요?

우리가 경험하는 불안과 두려움은 바로 이런 속성을 가지고 있습니다. 적당한 불안은 우리를 긴장시켜서 다가올 위험이나 과업을 잘 준비할 수 있도록 도와줍니다. 그러나 과도한 불안, 더 이상 불안해할 만한 이유가 사라진 뒤에도 지속되는 불안, 불안에 대처할 수 있는 자신의 자원을 과소평가하여 상실이나 실패와 같이 부정적인 결과를 예상하도록 만들어 적응을 방해하는 불안은 건강한 불안이 아닙니다.

  주변을 둘러보면 일어날 확률이 별로 없고 설령 발생한다고 하더라도 어렵지 않게 대처할 수 있을 만한 일임에도 쉽게 긴장하며 계속 염려하고 불안해하는 사람들이 있는가 하면, 정말 위태로운 상황이라 대비책을 마련하고 준비해야 할 것 같은 상황에서도 낙관적이다 못해 방심하는 것처럼 보이는 사람들도 있습니다.

  불안에 대한 예민성, 혹은 취약성과 같은 이런 성향 역시 어느 정도 타고납니다. 집집마다 신체적으로 약한 부분이 있어서 당뇨나 혈압, 관상동맥 질환, 위장 계열 증상이 있는 사람들이 많고 그래서 일찌감치 조심하기도 하듯이 심리적인 속성에 대해서도 타고난 약한 부분이 있는 것이죠.

  아이들 중에도 불안에 취약한 아이들이 있습니다. 이제는 익숙해질 때도 되었건만 여전히 긴장을 하고, 어떤 일을 하거나 새로운 곳에 가게 될 때면 질문도 굉장히 많이 합니다. 간혹 새로운 과제나 놀이가 제시될 때 참여하지 않기도 하는데 이것은 비순응적인 아이들이 반항의 의미로 참여하지 않는 것과는 구별해야 합니다. 이 아이들은 겁이 나기 때문에, 불안해서 피하는 것이라고 보아야 합니다.

불안의 실체를 마주보아야 할 때

불안이 많은 아이들을 키울 때에는 이들이 안심할 수 있도록 도와주는 게 기본 전략입니다. 어떤 상황이 펼쳐질지 미리미리 설명을 해줘서 대비할 수 있도록 해주는 것이 좋습니다. 궁금해하는 것이 있다면 상세히 답변해주고요. 그러면 아이들 입장에서는 앞으로 일어날 일을 예측할 수 있고 대비할 수 있으니 도움이 되는 것이죠. 그런데 이렇게 자세한 설명이 능사는 아닙니다. 불안이나 두려움이 자세한 설명으로 정복되는 게 아니기 때문입니다.

불안이나 두려움을 겪는 상황은 힘들기 때문에 사람들은

자신을 불안하게 만드는 자극들을 피하려 합니다. 충분히 따지고 살펴서 이게 불안해할 만한 일인지를 가리지 않고 일단 과거에 자신이 놀랐거나 두려워했던 것과 비슷해 보이면 피하고 보는 것이죠. 그렇게 되면 불안해하지 않아도 되니 단기적으로는 이익이 될 수 있습니다. 하지만 이렇게 되면 정말 자기가 피해왔던 대상이나 상황이 사실은 그렇게까지 겁내고 무서워할 만한 것이 아니라는 사실을 학습할 기회를 잃어버린 채, 시간과 에너지를 소모하게 됩니다. 그리고 이렇게 회피하는 동안 자신에게 두려움의 대상이 되었던 일이나 사람 또는 상황은 계속 더 커지고 그 힘도 세집니다. 나의 생활에 미치는 영향력이 커진다고 생각하면 되겠습니다. 마치 책에서 가족들이 검은 개에 대해 불안해하면 할수록 검은 개가 더 커져서 가족들을 공포로 몰아넣는 것과 같은 이치입니다. 그러니까 검은 개를 키운 것은 가족들의 두려움과 불안이라고 할 수 있습니다.

이렇게 피하고 숨는 동안 가족들은 해야 할 일을 하거나 자신들의 삶을 즐기지 못한 채 불안에 떱니다. 그 시간 동안 도전해서 성취했을 만한 일도 하지 않고, 시도해서 누릴 수 있을 만한 즐거움도 향유할 수 없는 것이죠. 과도한 불안은 여러

면에서 우리의 생활을 제한하고 불편하게 만들기 때문에 우리는 불안을 극복하고 다루어야 합니다.

또한 우리가 불안해지면 시야가 매우 좁아지는데요, 상황과 맥락을 잘 따지지 못하고 아주 좁은 시각으로 모든 것을 불안과 두려움을 초래하는 요인으로만 파악하기 쉽습니다. 터널시각Tunnel vision이라고도 부르는 이 기제로 인해 불안한 사람들이 불안에서 헤어나오고 싶어도 모든 것을 불안이라는 잣대로만 파악하게 되어 거꾸로 불안에 매어 있게 되는 것으로 볼 수 있습니다. 이렇게 불안이 초래한 여러 어려움과 문제로부터 자유로워지는 길은 없을까요? 있다면 그 방법은 무엇일까요?

그림책 속 다른 등장인물들은 모두 검은 개를 무서워하고 피하기에 급급합니다. 그런데 가족들 모두가 약하고 아무것도 모른다고 평가하는 꼬맹이는 거침없이 검은 개 앞으로 나아갑니다. 피하지 않고 대면합니다. 그래서 검은 개를 따라오게 만들어 같이 시간을 보내고 놀기도 합니다. 예전에는 가족들이 숨을 죽이고 검은 개의 행동을 조심스레 관찰하며 영향을 받았다면, 이제는 꼬맹이가 주도권을 잡고 검은 개가 뒤를 따릅니다. 꼬맹이가 선택하고 검은 개는 꼬맹이한테 길들여집니다. 그러는 사이 검은 개는 작은 크기의 사랑스러운 개로 돌아옵니다.

불안을 꺼내 노출하고 직면하는 방법

불안은 피한다고 사라지지 않습니다. 피할수록 오히려 강력한 힘을 갖추고 돌아와 우리의 마음을 장악합니다. 그러면 어떻게 해야 할까요? 피하지 말고 대면해야 합니다. 그게 원칙입니다. 힘들고 무서워서 피하려고 했던 것을 마주해야 하는 것, 이것이 두려움과 불안을 대하는 치료적 원칙입니다. 심리학에서는 이것을 노출Exposure이라고 합니다. 개를 무서워한다면 결국 개를 마주해야 그 두려움이 사라진다는 것이고, 발표를 두려워한다면 발표를 해내야 그 두려움이 극복된다는 것이죠. 그런데 이 어려운 일을 어떻게 해내냐가 관건입니다. 방법은 조금씩, 단계적으로 마주하여 극복하는 것입니다.

개 공포증이 있는데 갑자기 개를 쓰다듬거나 개에게 먹이를 주는 방식으로 노출을 할 수는 없습니다. 나에게 불안을 아주 약하게 초래하는 상황부터 마주하고, 그것을 조금 편하게 마주할 수 있게 되었을 때 조금 강도를 높이고, 높인 강도에서 편안해질 수 있으면 다시 강도를 좀더 높이는 방식으로 시도해봅니다.

나아가 마침내 두려워하던 인물, 사람, 상황이 더 이상 나를 두려움에 떨지 못하게 하도록, 나에게 예민했던 자극을 둔해지게 만드는 전략을 사용하면 됩니다. 자녀가 발표를 두려워한다면 처음부터 다짜고짜 여러 사람 앞에서 자기 의견을 말하게 하기보다 사람들 앞에서 말하는 상상을 하게 하고, 그런 상상을 편안하게(이완하여) 할 수 있도록 엄마 앞에서 자기 생각을 짧게 말하게 합니다. 그러다 이것이 편안해진다면 그다음은 조금 더 많은 가족들 앞에서 발표를 하게 합니다. 그다음에는 잘 들어주는 친구 앞, 더 많은 친구들 앞, 이렇게 확장해나가는 방식을 쓰는 거죠. 이렇게 노출을 하되 급작스럽게 하는 것이 아니라 서서히 단계를 높여가는 것을 점진적 노출이라고 하는데, 이런 방식은 불안과 공포를 완화시키는 데 효과가 큰 것으로 알려져 있습니다. 점진적 노출을 사용해 불안을 다루는 방식을 학자들은 체계적 둔감화 Systematic desensitization라고 합니다.

집에 혼자 있는 것을 두려워하는 아이, 개를 무서워하는 아이 모두 이런 방식을 사용할 수 있습니다. 여기서 나에게 불안을 일으키는 자극을 하나 정해서 그 자극의 강도 면에서 순서를 매긴 것을 '불안 위계'라고 하는데, 낮은 강도에서 시작해서 높은 강도까지 진행해나가면 하나의 불안 자극을 정복할 수 있습니다. 위의 예에서 보면 사람들 앞에서 말하는 것을 상상하는 것이 불안 위계에서 가장 낮은 수준이고 친구들 앞에서 대본 없이 말하는 것이 가장 높은 수준의 불안 자극이 됩니다.

불안 위계를 만드는 것이 쉬워 보여도 임상 장면에서는 꽤나 까다로운데요, 기억할 사항은 노출을 감행하면서 불안 위계는 조정할 수 있다는 것입니다. 노출의 성패는 불안 위계의 적정성에 달려 있다고도 볼 수 있습니다. 이를 강도에 맞게 잘 배치해야 하고 공을 들여야 합니다. 친구 앞에서 말하는 게 아빠 앞에서 말하는 것보다 더 쉬울 거 같았는데 막상 해보니 반대일 수도 있거든요. 그러면 노출을 해보고 위계를 조정합니다. 또 다른 사항은 노출을 할 때 불안을 느끼되 그것을 극복해야 한다는 것인데요, 불안을 느끼기 싫어서 다른 생각을 하거나 안정감을 주는 다른 행동을 하면서 노출을 해서는 안 된다는 뜻입니다. 이것을 안전행동이라고 하는데 그러면 노출을 했어도 실제로는 불안을 덜 느끼는 상황이었어서 제대로 된 극복이 어려울 수 있기 때문입니다.

앞서 약한 단계의 불안 유발 자극에 노출하여 이를 편안하게 이완하여 할 수 있다면 단계를 높여간다고 했는데요, 여기서 '편안하게 이완하여'라는 말도 중요합니다. 밝혀진 바에 의하면 불안과 신체적 이완은 동시에 일어날 수 없습니다. 다시 말해 신체적으로 이완할 수 있다면 불안이나 긴장으로부터 자유로울 수 있다는 것이죠. 그래서 불안 자극에 노출하기 전에 평상시에 이완 연습을 충분히 합니다. 다양한 방식의 복식호흡, 신체의 일부나 전체에 힘을 주었다가 푸는 긴장이완 방법, 편안하고 기분 좋은 곳을 하나 정하고 그곳에 가 있는 상상을 하는 상상이완 등이 모두 이완을 하는 방법이 될 수 있습니다.

아이들에게 복식호흡을 가르쳐줄 때에는 천천히 숨을 쉬라고 하면 되는데 촛불을 천천히 끄듯이, 나비가 천천히 날듯이 속도를 줄여, 비눗방울을 오랫동안 불듯이 천천히 숨을 쉬는 것이라고 알려주면 됩니다. 긴장이완은 주먹을 꽉 쥐었다 푸는 것, 어깨에 힘주어 으쓱 들어올렸다가 내리는 것, 앉은 자리에서 다리에 힘주며 무릎을 가슴 가까이 끌어올렸다가 내리는 방법 등을 사용할 수 있습니다. 상상이완은 적용하기 쉽습니다. 아이들이나 어른들이나 기분 좋았던 기억, 그 기억과 연결된 장소를 찾고 그곳에 가 있는 것을 상상해보라고 하면 되기 때문입니다.

내 마음속 검은 개에게 말하기

무섭고 두려운 것은 아이들에게만 있는 것이 아니죠. 어른들도 불안해하거나 두려워하는 것이 있게 마련입니다. 만약 나를 긴장시키고 불안하게 만드는 것이 있다면 그것을 모호하게 두지 마세요. 조마조마한 마음이 싫어 깊이 생각지 않고 한켠에 접어두지 말고, 그걸 꺼내서 내가 생각하기 두려워서 자세히 살피지 못하는 것이 무엇인지 곰곰이 생각해보세요. 그게 내면의 불안을 정복하는, 마음속 검은 개를 길들일 첫걸음이랍니다.

부모가 마음속 검은 개를 잘 길들이고 검은 개와 원활히 소통할 수 있다면 그 방법을 자녀들에게도 가르쳐주기 쉬워집니다. 그러면 아이들은 엄마, 아빠와 함께 마음속 검은 개를 길들였던 방법으로 엄마, 아빠가 없는 상황에서도 자신의 검은 개를 잘 길들여나갈 수 있습니다. 검은 개가 우리 마음의 주인이 되어 좌지우지하지 않도록 오늘은 우리 마음속 두려움과 불안에 대해 생각해보았으면 합니다.

이제 잠에서 깨어나렴
아이의 우울감을 대하는 마음

어떤 이야기일까?

이제 그만 일어나, 월터!

로레인 프렌시스 글, 피터르 하우데사보스 그림 | 유수현 옮김 | 소원나무

월터는 항상 피곤했어요. 그래서 혼자 과사를 남다가, 혼자 그림을 그리다가, 혼자 시소를 타다가 잠이 들었어요. 아쿠아리움에 가서 잠이 든 월터를 엄마가, 생일 케이크 앞에서 잠이 든 월터를 할머니가, 그리고 놀이공원에서 잠이 든 월터를 아빠가 깨웠지요. 폭풍우가 몰아치던 날에도 월터가 잠이 들었는데 아무도 깨울 사람이 없었고 그 후로 월터는 잠에서 깨어나지 않았어요. 걱정이 된 부모님이 월터를 데리고 병원에 가서 검사를 해도 이유

를 찾지 못했고, 주사, 특별 처방된 목욕요법, 지혜의 할머니가 조제해준 수프도 소용없었어요. 소방대, 징그러운 거미, 무서운 호랑이, 간지럼 로봇, 농구단, 75명의 악단이 내는 어마어마하게 큰 소리도 깊게 잠든 월터를 깨우지 못했어요. 모두 포기했을 즈음 어디서 왔는지 모르는 개 한 마리가 잠자는 월터를 부드럽게 핥자 월터가 깨어났어요. 같이 놀 친구가 생긴 월터는 이제 다시는 깨워도 일어나지 않을 깊은 잠이 들지 않을 거예요.

왜 잠에서 깨어나지 못할까

『이제 그만 일어나, 월터!』는 늘 피곤해하고 아무데서나 잠을 자더니 급기야는 깊은 잠에 빠져 어떤 수단으로도 깨어나지 않던 아이 월터에 대한 이야기를 담고 있습니다. 잠이라는 게 참 신기합니다. 신체기관이 제각기 제 기능을 다하고 있다면 잠만 푹 자고 일어나도 피곤이 풀리고, 슬픔과 낙담 속에서 잠이 들었다가 깨어날 때 다시금 용기가 충전되기도 하니까요. 그런데 겉으로 보기에는 아무 일도 일어나지 않는 듯하고 깊게 잠들면 마치 죽은 듯 보이기까지 하잖아요. 그래서 잠은 심리적인 죽음으로 비유되곤 했습니다. 제게는 깊은 잠에 빠져 일어나지 못하는 월터의 상태가 물리적으로 잠든 상태라기보다 심리적으로 잠든 상태라고 보여졌습니다.

심리적으로 잠들었다고 하면 뭔가 하고 싶은 게 없고, 이전에 재밌게 하던 놀이에도 심드렁해지고, 의욕도 없고, 해야 될 일도 대충대충 하게 되는 그런 상태라고 볼 수 있습니다. 이런 상태가 지속되면 우울한 게 아닌지 의심해볼 수도 있습니다. 성인에게 우울을 진단 내릴 때 크게 두 가지 조건을 중요하게 따져봅니다. 그중 하나는 우울한 기분이 있는지이고, 다른 하나는 이전에 즐겁게 하던 활동에 대한 흥미가 사라졌는지입니다. 그런데 어른들이야 자신의 기분에 대해 우울하다, 울적하다, 침울하다, 자세히 말할 수 있지만 어린 아이들의 경우 자신의 상태에 대해 제대로 표현하지 못할 수 있죠. 이럴 때 아이들은 별일 아닌 일에 쉽게 짜증을 내는데 이런 기분 혹은 이런 기분으로 인한 행동이 자주 관찰되면 아이 스스로 '우울하다'고 말하지 않아도 우울을 의심해볼 수 있습니다.

그 외에도 우울의 진단 기준에는 잠을 과도하게 많이 자거나 또 잘 못 자는 것도 있고, 체중이 갑자기 늘어나거나 줄어드는 것도 포함됩니다. 어른에게도 그렇지만 아이들에게는 특히나 더 마음과 몸이 연결되어 있어서 쉬어도 계속 피곤해하지 않는지, 너무 많이 자지는 않는지, 혹은 잠을 못 들거나 자주 깨지는 않는지, 갑작스레 너무 많이 먹거나 혹은 식욕이 확 떨어지지는 않는지 살펴보고 그러한 변화나 징후를 심리적 상태와 연결지어볼 필요가 있습니다.

아이들이 우울해지는 이유

그렇다면 아이들은 왜 우울해지는 걸까요? 학자들은 사람들이 우울해지는 여러 경로들을 정리해놨습니다. 사랑했던 대상이 자신을 떠나가면 그 대상에게 강한 화를 내게 되는데, 이미 그 대상과는 이별을 한 상태이고, 화를 냈던 것에 죄책감도 들게 되어 자기 자신을 벌주게 된다는 설명이 있습니다. 이를 분노의 내사화라고 합니다. 또 주변에 긍정적인 강화를 받을 만한 요인이 별로 없는데다가, 환경으로부터 긍정적인 보상을 이끌어낼 만한 기술도 없다면 우울이 심화될 수 있습니다. 그리고 우울한 사람들을 관찰해본 결과 이런 사람들은 부정적인 사건은 더 부정적으로 평가하고 혐오적인 자극에 더 민감하고, 긍정적인 면을 발견하고 즐기는 능력이 부족하다는 것이 확인되기도 했습니다.

학습된 무기력Learned Helplessness이라는 용어가 있습니다. 자신이 노력해도 변화를 경험하지 못하는 상황에 오랫동안 놓여 있게 되면 정작 자신이 애쓰면 상황을 변화시킬 수 있을 때가 되어도 이미 무기력이 몸에 배어 있어서 아무런 노력을 하지 않은 채 비참한 상태에 머무르게 된다는 것입니다. 일찍이 동물 실험을 통해 이러한 기제가 검증되기도 했습니다. 귀인이론Attribution Theory에서는 우울한 사람일수록 실패 경험에 대해서는 내부적, 안정적, 전반적 귀인을 하기 때문에 우울해진다고 설명합니다. 또 인지 이론에서는 사람들이 실제로 어떤 경험을 하는 것보다 더 중요한 것은 그런 경험에 대한 평가, 즉 해석인데 우울한 사람들은 부정적인 사건에 대해 더 나쁘게 해석하는 경향이 있어서 우울에 취약해진다고 설명합니다. 이런 이론들을 아이들에게 적용해본다면 우울해지는 이유를 몇 가지로 요약해볼 수 있습니다.

우선 아이들이 사랑하는 대상을 상실하지는 않았는지 살펴볼 필요가 있습니다. 아이들에게 가장 중요한 대상은 부모겠죠. 물리적인 상실은 물론이거니와 심리적으로도 부모와 좋은 관계를 유지하고 충분히 관심과 사랑을 받고 있는지 확인해볼 필요가 있습니다. 부모 입장에서 아이들을 사랑하고 있다는 것이 중요하겠지만 더 중요한 것은 아이들이 부모로부터 오는 관심과 애정이 충분하다고 느끼는 것입니다. 부모가 늘 애정 어린 관심으로 돌보고 있어서 자녀들이 무엇을 필요로 하는지 알아차리고 또 그 필요를 채워줄 수 있어야 합니다. 학자들은 이런 부모가 정서적으로 가용, 즉 쓸모가 있으며 이러한 정서적 가용성Emotional Availability이야말로 물리적 접근성과 더불어 안정적인 애착 관계를 형성해나가는 데 필수적인 요건이 된다고 했습니다.

그다음 확인해볼 것은 구체적으로 아동이 처한 환경을 살펴보는 것인데요, 강화물이 적절한지와 부정적인 경험이 과하지 않은지를 보아야 합니다. 먼저, 환경에 넉넉한 긍정적 강화가 있는지와 관련해서는 칭찬이나 인정받는 경험, 좋아하는 음식, 부모나 친구와 함께하는 즐거운 놀이시간 등 아이가 일상생활 속에서 즐거울 만한 시간과 기회가 많이 있는지 살펴보아야 합니다. 언어적인 칭찬 외에도 머리를 쓰다듬어주거나 안아주고 엉덩이를 두들겨주는 등의 신체적인 방식으로 친밀감을 표현하는 것은 효과적인 방식이 됩니다. 부정적인 경험과 관련해서는 대표적인 것이 부부 간 잦은 다툼, 자녀에 대한 호된 비판과 꾸중, 과도한 제약 등이 해당됩니다. 부모가 늘 심각하게 싸우고, 자기를 향해 비난하며 야단치고, 할 수 있는 것보다 하지 말라는 금지가 훨씬 많은 상황이라면 누구라도 의기소침해지고 의욕도 없어지기 쉬울 것입니다.

우리나라의 경우 대학 입시 때문에 일찌감치 경쟁구도에 들어서야 하고 학습을 중심으로 한 서열화가 만연해 있는데, 이것도 아이들의 진을 빼는 데 한몫합니다. 학교에서 배우는 내용보다 더 어려운 것을 많이 풀어야 하는데 공부를 잘하는 아이들은 선행에 치이고, 못하는 아이라도 가까스로 따라가거나 시늉이라도 내야 하니 허걱댑니다. 그래서 저는 똘똘한 아이들이 최선을 다하지 않고 설렁설렁, 대충대충 과제를 하는 모습도 많이 봤습니다. 매사를 대충해 버릇하면 자신에게 중요하고 잘할 수 있는 일 앞에서도 최선을 다하지 못합니다. 이렇게 해서 역량을 키우지 못하게 되는 것은 참 안타까운 일입니다.

다음으로는 경험하는 것에 대한 평가, 해석에 대한 것인데요, 자기 자신/세상(다른 사람)/미래에 대해 더 나쁘게 생각하는 경향이 있지는 않은지 살펴볼 필요가 있습니다. 이건 무조건 긍정적으로 생각하도록 노력하라는 의미는 아닙니다. 키우던 강아지가 수명을 다해 죽었다거나 전학을 가야 한다거나 친구로부터 생일 초대를 받지 못한 일은 분명 기분 좋은 일은 아닐 것입니다. 그렇지만 이것 때문에 나는 되는 일이 하나도 없다거나, 앞으로 나를 좋아하는 친구는 하나도 없을 거라거나, 모든 불행이 나 때문에 생기는 거라고 생각한다면 분명 이건 상황을 과도하게 나쁘게 보는 관점이라는 것이죠. 아이들이 혹시라도 이렇게 해석하는 경향이 있다면 이런 생각은 현실적인 생각이 아니므로 교정해주어야 합니다. 혹시 아이 주변의 어른들이 부정적인 일을 더 부정적으로 판단하거나, 아직 분명하지 않은 일을 안 좋은 쪽으로 해석하는 경향이 있어서 은연중에 이런 판단의 말이 아이에게 전달된 것은 아닌지 살펴볼 필요가 있습니다.

어떻게 깨울 수 있을까

그림책을 유심히 보면 월터는 수영도 혼자 하고, 과자도 혼자 먹고, 그림도 혼자 그리고, 심지어 시소도 혼자 탑니다. 부모가 같이 있기도 하지만 각자의 일을 하지 월터와 교류를 하지는 않습니다. 명확히 표현되지는 않았지만 놀이공원에 아빠하고 갔을 때도 어쩌면 아빠는 월터를 놀이기구에 태워놓고 다른 일을 한 건 아닌가 상상하게 됩니다. 이런 상황에서는 월터가 정서적으로 채워지지 못했을 것이고 그래서 의욕을 가지고 깨어서 활동할 수 있는 상태가 될 수 없었을 테지요. 그렇다면 어떻게 해야 월터를 깨울 수 있을까요?

월터를 깨우려는 요란한 노력들은 다 소용이 없었습니다. 월터를 깨울 수 있으리라 기대되었던 전문가들이 많았는데 그런 사람들에게 월터는 그냥 자신의 도움을 필요로 하는 고객 한 명에 불과했을 수도 있습니다. 반면 월터네를 찾아와 월터를 핥았던 강아지는 월터와 특별한 소통과 친밀감을 나누었을 거예요. 그래서 그런 터치에 월터가 반응을 하지 않았을까요?

이런 맥락에서 보면 아이들에게 활력을 불어넣는 가장 근본적인 전략은 순도 높은 관심과 호감을 주는 것으로 볼 수 있습니다. 아이에게 관심을 가지고 다가가 아이가 내적으로 경험하고 있는 것이 무엇인지 이해하고 공감하는 것, 특별히 아이의 기분이 어떠할지 그것이 느껴지고 이해되고 있다는 것을 아이에게 알려주는 것이 필요합니다. 그러자면 아이와 함께하는 시간이 많아야 합니다. 물리적으로 한 공간에 있는 것도 중요하지만 그게 다는 아닙니다. 마음을 아이에게 쏟으면서 같이 있어야 하고, 아이와 소통하고자 하는 노력이 필요합니다.

자신을 사랑스럽고 흐뭇하게 바라보는 엄마, 아빠의 눈길, 부드러운 신체적 접촉, 말하지 않아도 자신의 필요와 심정을 알아차려주는 어른들에 대한 감탄과 고마움, 함께 나누는 웃음과 눈물 등이 모두 아이의 마음에 쌓이는 에너지가 됩니다. 그리고 이런 에너지가 아이들로 하여금 무언가 하고 싶은 것이 생기도록 하고, 그것을 성취하도록 노력하게 이끄는 것입니다.

과도하게 간섭하거나 부모의 취향에 맞게 일일이 통제하지 말고 아이가 도움을 요청할 때 귀찮아하지 말고 기꺼이 아이가 원하는 도움을 주세요. 이런 경험이 많아지면 아이는 자기 앞에 놓인 과제를 열심히 제 힘으로 해결하려 애쓸 것이고, 혼자 힘으로 어렵다 판단되면 주변 어른들에게 도움을 요청할 것입니다. 아이와 같이 있을 때 이렇게 아이와 교감할 수 있다면 물리적으로 24시간 내내 붙어 있지 않아도 좋습니다. 오히려 몸은 옆에 있지만 마음은 다른 데 가 있어 아이에게 무슨 일이 일어나고 있는지 잘 모르는 엄마, 아빠가 아이들을 혼란시키고 공허하게 만들며 더 배고프고 목마르게 합니다. 눈에 보이니 아예 포기하기도 어렵고, 그런데 성에 차지 않고 감질만 나니까 아이들 마음속에선 더 갈등이 많아진다는 의미입니다.

아이들의 노력이 성과를 내지 못하더라도 상황을 더 안 좋게 평가하지 마세요. 아이들이 기울인 노력과 과정의 중요성을 인정해준다면 아이들은 그러한 부모의 시각을 통해 자기와 상황을 평가해나가게 될 것입니다. 아동의 지적 능력이 뛰어나다고 과도하게 학습량을 늘리기보다 자신의 정서를 알아차리고 조절할 수 있는 역량도 같이 발달하고 있는지 확인해주세요. 이렇게 자라는 아이들은 자기들의 긴 인생 여정에서 크고 작은 문제들을 만날 때 스스로를 격려하면서 주변 친구들과 어른들의 도움을 받는 것 사이에 균형을 맞추며 소진되지 않고 꿋꿋하게 자기의 길을 걸어갈 수 있을 것입니다.

세 번째 시간

관계의 기초

결국 나를 이해해줄 널 만나게 될 거야
또래 관계에 대해

어떤 이야기일까?

이게 뭘까?
안네게르트 폭스후버 글, 그림 | 손성현 옮김 | 북극곰

바르톨로는 거인이지만 토끼 심장을 가졌습니다. 거미와 벌을 무서워할 뿐만 아니라 숲에서 본 적 없는 동물도 무서워합니다. 매일 힘들게 살아가는 바르톨로에게 가장 마음 아픈 일은 친구가 한 명도 없다는 것입니다. 마주치기만 해도 다들 바르톨로를 무서워하며 도망가버리기 때문이죠. 친구를 상상하며 누워 있는데 따뜻하고 부드러운 무언가가 손에서 느껴집니다. 이게 뭘까? 서쪽 숲에는 세상에 무서울 게 하나도 없는 생쥐, 로진헨이 삽니

> 다. 개, 고양이, 부엉이, 여우, 담비, 그리고 천둥번개조차 무섭지 않습니다. 크기도 작고 근육도 없지만 정말 빠르고 똑똑하고 숲속 구석구석을 잘 알고 있죠. 숲속 동물들은 자기들과 너무 다른 생쥐를 살갑게 대해주지 않습니다. 외로운 생쥐도 걷기 시작합니다. 피곤하고 지친 생쥐는 한참을 더 걷다가 따뜻하고 폭신한 솜이불 같은 무언가를 만나 올라갑니다. 엄청나게 큰 손가락이 부드럽게 자기를 쓰다듬어주는 것 같습니다. 이게 뭘까?

어떻게 친구가 되는지 알려줄까

우리는 살면서 참 여러 인연을 만나게 됩니다. 부모-자녀처럼 선택의 여지가 전혀 없는 인연이 있는가 하면 배우자, 친구와 같이 선택의 여지가 어느 정도 확보된 인연도 있죠. 그렇다고 친구가 되는 게 100퍼센트 선택이라고만은 할 수 없을 것 같습니다. 그때, 그곳에, 그 맥락으로 만나게 된 것을 우리가 모두 다 계획할 수는 없었을 테니까요.

좋은 친구는 어떤 친구일까요? 그런 친구는 어떻게 만들 수 있을까요? 이번에는 친구가 되는 인연에 대해 얘기를 해볼까 합니다.

 이야기 속 거인 바르톨로와 생쥐 로진헨은 여러모로 달라도 참 다르죠. 우선 겉으로 드러나는 몸집이 많이 다릅니다. 거인의 커다란 크기와 생쥐의 아주 작은 크기로만 보면 둘이 어떻게 어울릴 수 있을까 싶습니다. 차이가 어디 겉모습뿐인가요. 심성의 크기도 아주 다릅니다. 그런데 그 속사람의 크기는 겉모습과는 정반대입니다. 바르톨로가 너무나 소심하고 겁이 많다면 로진헨은 담대하고 씩씩합니다.

 겉으로 보이는 게 다는 아닌데 우리는 눈에 보이는 것에 참 쉽게 영향을 받습니다. 상대가 크고 힘이 세다면 그 때문에 나에게 무섭고 불친절하지나 않을까 염려하게 됩니다. 또 날쌔고 똑똑하다면 얌체같이 자기 잇속을 챙겨 진심을 나누기 어려울지 모른다며 꺼려할 수도 있습니다. 다가가 깊이 사귀게 된다면, 아니 그때에야 비로소 그 사람을 잘 알 수 있는 것인데 이렇게 지레 겁을 먹거나 쉽사리 판단을 해서 상대방에 대한 어떤 이미지가 생겨버리면 앞으로 친해질 기회가 잘 생기지 않을 수도 있어요.

 예를 들어보겠습니다. 껄끄러운 주제에 대해서도 자기 의견을 똑 부러지게 말하는 세모 엄마가 있습니다. 네모 엄마는

'세모 엄마 앞에서 어리바리하게 굴다가는 밑천도 못 건지겠다'고 생각합니다. 그럼 네모 엄마는 늘 세모 엄마 앞에서 긴장하게 되고, 쉽게 넘어갈 만한 일도 따지고 자기도 질세라 목소리를 내게 될 것입니다. 그런 네모 엄마가 세모 엄마에겐 어떻게 비춰질까요? '네모 엄마, 여간내기가 아니야. 만만한 상대가 아닌걸?' 이런 생각이 듭니다. 그래서 깐깐하고 주장적인 태도를 고수하게 되는데 이게 바로 네모 엄마가 세모 엄마에게 가졌던 예측이었잖아요. 이렇게 자기가 상대에 대해서 가지고 있는 판단이나 평가에 맞춰 행동하게 됨으로써 상대로 하여금 나의 예상에 맞는 행동을 도출하게 되는 데에는 심리학에서 자기충족적 예언Self-fulfilling Prophecy이라고 하는 기제가 작동하고 있답니다.

이것은 원래 자기가 스스로에게 한 판단과 예측이 그대로 이뤄지는 것을 지칭하는데 조금 더 확장해보면 자신을 둘러싼 환경에도 적용됩니다. '나 왠지 실수할 거 같아'라거나 '넘어질 거 같은데'라고 하면 얼마 못 가서 예측한 그대로 그 일이 벌어집니다. 스스로에게 한 예언이 나에게 되돌아온다는 거죠.

자기 자신은 물론이거니와 내가 만나는 여러 타인들에 대해서 쉽사리 평가를 내리기보다 중립적으로 정보를 모아보는 시간이 필요합니다. 긍정적인 기대를 하는 것도 도움이 됩니다. 긍정적인 기대를 하게 되면 나도 모르는 사이 그 사람을 대하는 내 태도가 친절하고 부드러워질 것이고 상대가 상식적인 사람이라면 그런 나의 태도에 맞게 반응할 것이거든요. 이런 태도를 자녀들에게도 가르쳐주세요.

아이가 친구를 알아볼 수 있도록

아이가 친구들을 외모로만 판단하지 않도록 도와주고, 어느 특정한 면이 도드라질 때 그것으로만 판단하지 않고 여러 측면을 볼 수 있도록 해주세요. 아동이 다른 친구에게서 싫은 점이나 불편한 점을 이야기할 때 잘 들어주고 공감하면서, 만약 그런 특성이 가질 수 있는 장점이 있다면 그 장점을 언급하면서 아이가 다른 면을 볼 수 있도록 도와줄 필요가 있습니다. 그런 면이 도움이 될 수 있는 맥락이나 본받을 지점을 찾아주는 것도 좋습니다. 물론 친구의 특성 때문에 우리 아이가 손해를 보아서도 안 되니 그것으로부터 보호할 수 있을 방법도 찾아주어야겠죠.

"△△가 자주 자기가 좋아하는 놀이를 하자고 해서 속상할 때도 있나 보네. △△의 방법으로 재밌게 놀 수 있으면 좋은 거 같아. 그리고 다음에는 ○○이의 방법으로 놀자고도 말해보렴."

"△△는 네가 싫어서가 아니라 ○○이처럼 부끄러웠던 게 아닐까?"

"오늘은 **이가 ○○이 얘기를 안 들어줘서 속상했구나. 그런데 저번에 ○○이가 억울해했을 때 **이가 네 편을 들어주었다고 하지 않았니?"

이런 말들은 모두 아이에게 상대방 친구에 대한 균형감을 심어줄 수 있습니다. 몇 번이나 강조하지만 아이가 친구에 대해서 이런 생각을 할 수 있게 해주는 가장 효과적인 방법은 자신에게 이런 방식으로 대우받았던 경험이 쌓이는 것입니다. 그리고 이걸 가능하게 하는 사람이 부모인 거죠. 아이의 다양한 측면을 찾아주고 약점으로 보이는 속성도 그게 장점이 될 수도 있다는 것을 일깨워주면서 여러 특성을 통합해나갈 수 있도록 도와주세요. 부모 스스로에 대해서도요.

서로 몸집이 다르고 속마음의 담대함도 다른 바르톨로와

로진헨이지만 둘 다 친구가 없다는 점에서는 비슷합니다. 바르톨로의 거대한 몸집 안에 있는 소심하고 걱정 많은 마음을 주변 동물들은 알지 못합니다. 그래서 커다란 바르톨로가 움직일 때마다 그것이 배려와 돌봄의 마음에서 우러난 행동일지라도 동물들은 겁을 먹고 피하거나 다른 방식으로 자신들을 보호하려 합니다. 그리고 이런 모습이 바르톨로에게는 위협이 됩니다. 서로의 행동에 대해서 오해를 한 것이죠. 우리의 의도가 상대방에게 그대로 전달되지 않을 수도 있다는 것을 아이들이 이해할 수 있도록 도와주세요. 아이들은 여러 측면을 이해하거나 타인 조망, 즉 상대방의 입장에서 생각해보는 것이 아직 미숙합니다. 그래서 때때로 상황과 입장에 대한 통역이 필요하죠. 친구가 아이의 행동을 어떻게 받아들일 수 있을지 여러 가능성에 대해서 설명해주세요.

"○○이는 △△가 반가운 마음에 뒤에서 깜짝 놀라게 했는데 △△는 그게 무서울 수도 있대."

"○○이는 아빠에게 선물을 받아서 신이 났던 건데 ✱✱이한테는 자랑하는 걸로 보였나 봐. 부러웠을 수도 있고."

또 때때로 내가 겁먹는 만큼 상대도 겁먹고 있을지 모른다는 것도 알려주세요. 자신만만해 보이지만 매순간 100퍼센트 자신감이 충전되어 있는 사람은 없다는 것도요.

로진헨이 주변 동물들과 친구가 되지 못하는 이유는 조금 더 복잡합니다. 자신들보다 똑똑하고 날쌔 보이는 로진헨을 경계하는 거였죠. 겉으로는 로진헨을 추켜세우는 듯하지만 속으로는 못마땅한 마음이 자리 잡고 있거든요. 그리고 이걸 로진헨도 알아차려버리고요. 영리한 로진헨은 그래서 더 속상하고 슬플지도 모르겠어요. 상대방의 속마음도 알아차렸으니 말이죠.

상처받은 바르톨로와 로진헨은 길을 떠납니다. 익숙하지만 자신의 진심을 몰라주는 이들이 있는 곳을 등지는 것이죠. 이렇게 떠나서 다른 인연을 만날 수도 있겠지만, 다른 해법을 찾는다면 무엇이 있을까요? 내가 바르톨로나 로진헨이라면 어떤 방법을 사용해볼 수 있을까요?

자기 마음을 표현하는 방법을 알려주세요

제가 추천하는 방식은 자기 개방과 소통입니다. 적절한 타이밍을 찾은 다음 자기 마음을 표현해보라고 제안하겠어요. 바르톨로와 로진헨 둘 다에게요. 사실은 자신이 얼마나 겁이 나고 두려운지, 어렵사리 용기를 내어 다가가보는데 나를 피하는 동물들을 보면 얼마나 상처받게 되는지에 대해서 얘기해보라고 조언하겠어요. 그러고는 자기가 원하는 것을 말해보도록 하겠습니다. 이때 조심해야 할 것은 상대방의 잘못을 지적하거나 비난하면 안 된다는 겁니다. 이게 바로 '나 전달법I message'입니다. 마지막으로 확인해야 할 것은 이렇게 전달한 자기의 마음을 상대가 어떻게 받아들였는가 하는 것인데요, 물어보면 됩니다.

"내가 ~라고 말했는데, 내 말이 어떻게 들려?" 이 마지막 질문이 있고 없고는 하늘과 땅 차이랍니다. 내 의견을 자주, 분명하게 말하는 것도 중요하지만 어쩌면 그 말이 상대에게 어떤 식으로 여겨지고, 어떤 작용을 불러일으키는지가 더 중요할 수도 있습니다. 그런데 이런 소통이 효과를 보기 위해서는 상대방이 나에게 어느 정도 호감을 가지고 있고, 진솔하게 대화할 수 있는 마음이 있어야 됩니다. 나에게 너무나 적대적이라면 괜한 시간 낭비가 될 수도 있거든요.

소속되어 있는 공동체 안에서 나와 진심으로 소통할 상대가 없다고 해서 세상 어디에도 친구가 없다고 생각할 필요는 없습니다. 더 큰 세상에는 나와 대화가 통하는 친구가 있을 거예요. 부모와 아이 모두가 이런 생각을 하면 조금은 여유가 생길 것입니다.

각자 길을 떠났던 바르톨로와 로진헨은 숲에서, 책의 중간에서 서로 만나게 됩니다. 만날 인연은 어떻게든 만나게 되는 것일까요? 비슷한 점이 없지만 그래도 친구가 될 인연은 친구가 되는 걸까요?

둘이 친구가 되었는지는 알 수 없는 열린 결말인데요, 저는 바로톨로와 로진헨이 서로에게 마음을 열고 우정을 나누는 친구가 되었으리라 기대해봅니다. 비슷한 면이 많아서 친구가 되기도 하지만 또 많이 다르기 때문에 서로에게 계속 감탄하며 같이 있는 시간을 늘려나가는 짝꿍들도 있으니까요. 세상에 나와 다른 사람들, 때때로 도무지 이해가 되지 않을지라도(명백히 폭력적인 것이 아니라면요) 다양한 사람들이 있다는 것은 재미있다는 생각이 듭니다.

아이의 또래 관계가 확장되길 원한다면 자녀와 마찰이 잦은 친구를 놓고 그 친구의 장점을 찾아보고, 우리 아이가 상대 아이로 인해 불편해하는 점이 무엇인지 같이 찾아보세요. 또 상대 아이에 대해서 우리 아이가 오해하는 게 있지는 않은지 살펴보는 것도 도움이 됩니다. 서로 다른 점을 찾아보고 그런 특성이 서로서로에게 도움이 될 수 있는 방법은 없을지 점검해보세요. 이미 우리 아이와 잘 지내고 친한 친구와는 친밀감을 나눌 수 있는 기회를 늘려나가면서, 혹시나 낯선 면을 발견했을 때도 싫어하며 피하기보다 호기심을 가지고 다가간다면 그 관계는 더 깊어질 것입니다.

너가 그렇듯, 모두 다 소중해
작고 약한 존재를 대하는 마음

어떤 이야기일까?

입이 똥꼬에게

박경효 글, 그림 | 비룡소

입은 자신이 얼마나 중요하고 매력적인지 자랑합니다. 이어서 눈, 코, 귀, 그리고 손과 발이 자기가 무엇을 할 수 있는지 설명해 줍니다. 그렇게 각자의 기능에 들떠 있을 때 어디선가 고약한 냄새가 납니다. 바로 똥꼬가 똥을 누는 냄새였지요. 입은 똥꼬같이 못생기고 냄새나는 친구와 한 몸에 있다는 것이 너무나 속이 상했고 똥꼬가 멀리 떠나버리길 바랐습니다. 그러다가 날이 어두워지고 밤이 찾아왔을 때 어딘지 모를 새로운 곳에 가게 되었습니다. 좋은 냄새가 나고 맛있는 음식이 한가득 있는데 신기하게도 눈에 거슬리던 똥꼬는 사라져버렸습니다. 입은 손과 발의 협조를 얻어 이것저것 마구 먹기 시작했어요. 먹은 음식들은 위에서 작은 창자로 또 큰 창자로 내려갔습니다. 음식들이 소화되면서 만들어진 똥들이 나가려고 했으나 나갈 곳을 찾지 못하자 똥들이 반란을 일으켜 다시 올라오더니만 결국 유일하게 밖으로 나갈 통로인 입을 통해 쏟아져 나오기 시작했어요. 으악! 정신 차려보니 이 모든 일은 꿈이었어요. 입은 똥꼬에게 사과를 했습니다.

몸을 통해 나를 이해하는 법

우리 몸에는 여러 기관이 있습니다. 그중에는 딱 보기에도 중요해 보이는 기관이 있는가 하면 불필요해 보이는 기관도 있고요. 어른들은 쉽게 이해할 수 있는 사실도 아이들에게는 잘 이해되지 않을 수 있습니다.

이 책은 우리 몸의 주요 기관이 하는 일에 대해서 얘기하기 좋습니다. 눈, 입, 코, 귀, 손과 발, 그리고 똥꼬! 난이도를 높인다면 식도, 위장, 대장, 소장과 같은 소화기관에 대해서도 이야기 나눠볼 수 있답니다. 유아기 아이들 아니 초등학교 저학년 아이들도 똥, 오줌, 방귀 이야기를 좋아하는데 똥이나 방귀 나오는 소리를 실감나게 연출한다면 아이들과 금방 친해질 수 있습니다. 자연스럽게 책을 읽어나가면서 아이들에게 이런 신체기관을 통해 무슨 경험을 했는지 물어보고 얘기를 들어보세요. 또 이런 신체기관을 가지고 어떤 일을 하는지도요. 어떻게 이야기를 풀어나가야 할지 모르겠다고요? 아래 질문을 이용해보면 좋습니다.

"입으로는 무슨 일을 할 수 있을까?"
"오늘 ○○이는 입으로 뭘 했을까?"
"○○이는 입으로 했던 일 중에 뭐가 제일 좋았어?"
"○○이가 ○○이 몸에서 제일 자랑하고 싶은 곳은 어디야? 그 이유가 무엇일지 궁금하네."

입으로 무슨 일을 했는지 이야기 나누다 보면 자연스럽게 그 상황에서 기분이 어땠다는 얘기도 할 수 있게 됩니다. 그 기회를 놓치지 말고 아이의 기분을 물어봐주세요. 또 이야기 나누는 부모의 기분도 알아봅니다. 이렇게 이야기가 확장되면 아이의 사회생활이나 일과에 대해 색다른 정보를 얻게 되는 의외의 수확도 있답니다.

또 다른 확장은 아이가 생각하는 신체적 자신감을 얘기해보는 것입니다. 우리 어른들이 스스로에 대한 이미지를 형성할 때 신체나 외모는 일부이고 그 비중이 크지 않을 수 있습니다. 그런데 아이들에게는 신체적 자기상이 전체 자기상에서 갖는 비중이 클 뿐 아니라 기본이 됩니다.

사실 우리 어른들에게도 그랬던 시절이 있었습니다. 이번 기회에 아이와 신체적으로 마음에 드는, 아이가 생각하는 자기의 매력 포인트에 대해서 이야기 나눠보면 어떨까요? 아이 나름대로 마음에 드는 신체 부위가 있을 것이고 그 이유도 있을 겁니다. 귀 기울여 들어보고 공감해주세요. 만약 아이가 잘 찾지 못한다면 부모가 생각하는 아이의 신체적 매력을 콕 집어 이야기해주면 됩니다. 또 아이에게 엄마, 아빠에 대해서 어디가 멋있는지 집어달라고 질문해보세요. 긍정적인 피드백이 오가면서 즐겁고 정감 어린 시간이 될 것입니다.

"○○이는 ○○이 몸 중에서 어디가 제일 마음에 들어? 그 이유가 뭘까?"

"엄마는 ○○이 웃는 모습이 참 좋아. 웃을 때 들어가는 보조개가 예뻐서 엄마한테도 있었으면 좋겠어!"

"아빠는 어디가 멋진 거 같아?"

이 책은 입이 손에게 경고하듯이 '똥꼬와 놀다가 바로 오면 안 된다'는 것과 같은 위생에 대해서 알려주기에도 유용합니다. 책에서는 입이 손에게 똥꼬도 깨끗하게 씻어달라고 부탁하는데 그 외에도 우리 얼굴에 있는 신체 부위는 물론 발도 깨끗하게 씻어야 하죠. 똥꼬가 나왔으니 자연스럽게 '쉬~ 하는 기관', 우리의 소중한 부분을 어떻게 다뤄야 하는지에 대해서도 이야기 나눠볼 수 있겠죠.

"똥(오줌)을 누고 나서는 바로 손을 씻어야 하는 거야, 알지?"

"쉬하는 곳이랑 똥꼬는 항상 깨끗해야지 안 그러면 아프게 된대. 더러운 손으로 만지거나 뭐가 묻으면 안 되는 거야."

"우리가 쉬하고 끙하는 곳은 소중한 곳이라서 누가 보자고 해도 보여주면 안 돼."

아이가 신체기관에 흥미를 보인다면 우리 몸을 그려보거나 좀 더 다양하고 복잡한 정보를 제공하는 그림책을 찾아 읽어보는 것도 좋습니다. 전지에 아이의 손과 발을 대고 그려보거나, 아예 누운 아이의 전신을 그린 다음 가위로 오려 그 안에 지금까지 함께 얘기했던 기관들을 그려넣는 것도 재밌는 활동이 될 것입니다. 그리는 게 어렵게 느껴진다면 컴퓨터에서 찾아보고 필요한 기관을 출력해 붙여도 되고, 전지 그림에 옷 입히는 놀이로도 확장해나갈 수 있습니다.

쉽게 지나치는, 나와 다른 존재에 대하여

여기서 한발 더 나아갈 수도 있습니다. 우리 사이에 있는 '다름', 그리고 '열등감'에 대해서 얘기해볼 수 있죠. 각각의 신체 부위는 그 생김새나 하는 일은 다 다르지만 그중 하나라도 없어서는 안 될 귀한 것이죠. 우리 반, 어린이집/유치원, 가족, 학교, 사회 안에도 매우 다양한 사람들이 있고, 그중 누구 하나 소홀히 할 수 없고, 약하거나 비중이 작을수록 더 아껴주고 돌봐주고 감싸주어야 '우리'가 다 함께 잘 살 수 있습니다. 마음에 들지 않는다고, 내가 정한 기준에 맞지 않는다고 감추거나 잘라내거나 구박한다면 그 부분은 더 뒤틀리고 못나져서 우리를 훨씬 더 힘들게 하고 성장하지 못하게 할 수도 있습니다.

혹시 이 글을 읽고 있는 여러분에게 '똥꼬'에 해당하는 부분이 있나요? 가족을 비롯한 소속된 공동체에 '똥꼬' 같은 구성원이 있지는 않은지요? 아이가 자기의 속성들에 대해서는 어떻게 생각할까요? 아이에게 반에서 잘 어울리지 않고 못마땅하게 여기는 그런 '똥꼬' 같은 친구가 있을까요? 아이가 상대 친구에게 불평하는 부분이 무엇인지 찾아보세요. 그리고 혹시 아이가 스스로에 대해 불편해하는 부분과 상대 아이에게 마뜩잖아 하는 지점이 연결되어 있지는 않은지에 대해서도 살펴봐주세요. 당연히 이런 질문은 부모에게도 적용됩니다. 불편해하는 대상과 그 대상이 불편한 이유를 돌아보는 계기가 될 수 있습니다.

"나는 _____ 한 점이 부끄럽다."
"나는 다른 사람이 나의 _____을 언급할 때 화들짝 놀란다."

"우리 집/직장/모임에 _____만 없었으면 한결 나았을 것이다.

왜냐하면 그는 _____ 때문이다."

"나는 우리 아이의 _____ 점이 다른 사람의 눈에 띄지 않길 바란다.

왜냐하면 _____ 때문이다."

생각을 돕기 위해 몇 개의 문장을 뽑아보았습니다. 문장을 잘 살펴보고 답해보세요. 아이의 단점이라고 생각해왔던 그 지점은 어쩌면 아이의 문제라기보다는 부모의 어려움과 닿아 있을지도 모릅니다. 그렇다면 그건 아이를 다그치고 단속할 일이 아니라 나 자신과 해결해야 할 일이겠죠.

'똥꼬'는 우리에게 없어서는 절대 안 되는 몸의 귀중한 부분입니다. 결핍이라는 것은 우리를 제한하고 몹시 거추장스럽게 하며 비참하게 만들 수도 있습니다. 그러나 아주 치명적이지만 않다면 이 결핍은 우리 안에 필요를 만들어내고, 필요를 채울 수 있는 방법을 구상하게 하며, 마침내 필요를 채우도록 이끌어줍니다. 결핍이 있기에 성장이 가능하고, 결핍을 극복하는 과정에서 길러진 힘과 자신감은 인생에서 만나는 다양한 도전들을 과감하고 의연하게 맞서 또다시 이겨내도록 도와줍니다.

저는 이런 마음의 원리를 저와 제 동료 상담자들의 인생에서, 그리고 상담실에서 만난 많은 내담자들의 인생에서 경험할 수 있었습니다. 마음의 힘이 길러지는 과정은 우리 몸의 근육이 만들어지는 것처럼 정직하기에 큰 고초를 겪었을 때 심력(心力) 레벨이 더 높아지는 듯합니다. 우리를 힘들게 하는 사람과 일을 '장차 우리에게 더 큰 가르침과 배움을 줄 가능성이 크다'는 시선으로 바라보면 우리가 그 어려움을 관통해 어디까지 성장할 수 있을 것인지 기대해볼 수 있게 됩니다.

너는 영원한 나의 우주야
어느 날 동생이 생긴다면

어떤 이야기일까?

나는 우리 집 왕

마르타 알테스 글, 그림 | 노은정 옮김 | 사파리

고양이 '나'는 집에서 왕이죠. 가족들이 모두 귀여워하고 나를 중심으로 집안이 돌아가기 때문에 나는 왕입니다. 그런데 어느 날 아침 날벼락이 떨어집니다. 바로 집안에 개가 들어온 것이죠. 성가시고, 지저분하고, 멍청한 개 때문에 나는 몹시 마음이 상했지만 착한 왕으로서 개를 잘 대해주려고 애씁니다. 그러나 내가 받았던 귀여움과 관심이 단숨에 개한테로 넘어가자 나는 몹시 마음이 상합니다. 우리 집에서 개가 나가주었으면 좋겠다고 말하는

> 데 정말 개가 밖으로 나갑니다. 개가 없는 집에서 일상을 되찾은 내가 심심함과 허전함을 느끼려는 찰나, 개가 돌아옵니다. 규칙을 새로 만들어서 개와 사이좋게 지낼 방법을 생각합니다. 그래도 내가 우리집 왕이라는 것을 개가 잊지는 말아야 하죠!

내가 세상의 중심이 된 순간

고양이와 개는 물론이거니와 도마뱀, 금붕어, 돼지에 뱀까지 다양한 반려동물을 키우는 시대를 살고 있습니다. 한 마리가 아니라 여러 마리의 반려동물을 키우는 가정에서는 반려동물끼리의 갈등과 해당 동물의 주인들 간 의견 충돌도 심심찮게 겪는 듯싶습니다. 『나는 우리 집 왕』 속에서처럼 말이죠.

사람이 아닌 생물과의 소통에는 별 재주가 없는 제게 이 책은 사람들 사는 얘기로 읽혔습니다. 한집에 살지만 엄밀히 말하면 타인, 같이 있을 땐 신경 쓰이고 경쟁하게 되지만 없으면 왠지 허전하고 걱정되는 그런 존재. 누가 있을까요? 바로 형제자매입니다. 한집에 사는 개와 고양이 이야기를 통해 달라도 너무 다른 형제자매 관계에 대해 이야기해보고자 합니다.

책 표지를 넘기면 과연 왕의 지위를 누리는 고양이 세상을 보게 됩니다. 벽면 가득 붙어 있는 고양이 사진, 고양이를 위한 장난감과 소파 위에서 평화로운 시간을 보내고 있는 고양이가 그려져 있거든요.

첫 아이가 태어났을 때를 기억하나요? 세상의 중심이 이제 갓 태어난 아기잖아요. 아기의 엄마, 아빠는 물론이고 친가, 외가의 조부모, 이모와 고모 그리고 삼촌, 모두 아기를 보면 귀여워서 어쩔 줄 모릅니다. 먹는 모습도 신기하고, 침을 흘리며 자는 모습도 사랑스럽고, 똥을 누는 것도 대견한데다가, 무언가에 애를 쓰다가 잘 안 되어서 울기라도 할라치면 얼마나 안쓰러운지요. 이렇게 첫 아이의 행동 하나에 주변 어른들의 기분이 달라지고 행동도 연쇄적으로 달라집니다. 그야말로 그 집의 왕인 거죠.

아이로서는 이렇게 주변의 관심을 듬뿍 받아서 자기가 세상의 중심이고 주인인 듯 대접받는 시기를 누리는 게 필요합니다. 자기가 바라는 대로 이루어지는 전능감을 만끽하고 그로 인해 스스로에 대해 자부심을 가득 채우는 게 발달에 필수적이죠. 이 아기는 앞으로 세상 속에서 무수히 많은 실패와 좌절, 상실을 경험하며 성장할 것인데 그때에 다시 일어서고 도전할 수 있는 에너지는 바로 발달적으로 더 이른 시기에 경험했던 주변으로부터의 사랑과 관심, 그것이 만들어준 자기 자신과 세상에 대한 신뢰이기 때문입니다.

어느 날 찾아온 위기

이렇게 성장하던 첫 아이는 별안간 위기를 맞이합니다. 배가 불러오는 엄마를 보며 또 주변 사람들이 해주는 동생에 대한 이야기를 들으며 어렴풋이 변화를 인식하기는 하지만 그것이 어떤 것인지 실체를 이해하기는 어렵죠. 그래서 동생의 출현에 이야기 속 고양이처럼 놀라고 당황하게 됩니다. 그 전까지 사람들은 모두 자기만 바라보고, 자기에게 칭찬을 하고, 자기의 요구에 바로 반응을 보였는데 이제는 가족의 관심과 기대가 자기를 향하지 않고 우리집에 내 허락도 없이 찾아온 어떤 작은 꼬물거리는 생명체에게 쏟아지는 거죠.

어제까지 아니 조금 전까지 이 집안의 왕이었는데 갑자기 다른 왕이 생겨버린 겁니다. 그래서 동생을 본 첫째는 심리적으로 '폐위된 왕'이 된 듯합니다. 다른 지위에서 밀려난 것이면 그 충격이 덜하련만 동생이 오기 직전까지 왕이었는데, 왕의 허락도 없이 다른 왕이 와버린 거예요. 이럴 줄 알았다면 동생을 낳아달라고 하지 말걸 그랬죠! 그리고 가족들도 그래요, 어쩜 이렇게 태도가 돌변할 수 있나요? 내가 왕이었다는 걸 단숨에 까먹은 걸까요? 아니면 내가 뭔가를 잘못해서 눈 밖에 난 걸까요?

이 글을 쓰노라니 예정일보다 한 달 먼저 태어나 신생아 집중치료실에 있다가 집에 오게 된 둘째의 등장에 순했던 큰아이가 보였던 반응이 생각나네요. 여동생이 생길 것이고 네가 오빠가 된 거라고, 아무나 오빠가 되는 게 아닌데 네가 점잖고 똑똑해서 오빠가 된 거라고 축하를 해주었죠. 오빠가 된 기념으로 케이크에 촛불도 껐답니다. 여러 번 이런 식의 준비를 해주어서인지 제가 둘째를 안고 현관에 들어섰을 때 큰아이는 별다른 반응을 보이지 않고 동생을 신기한 듯 씨익 웃으며 바라보았습니다. 의젓한 큰아이가 어찌나 멋져 보이던지요. '역시 내 아들이야!' 했죠. 그런데 잠시 후 좀처럼 울지 않는 큰아이의 울부짖는 소리가 들려왔어요. 정확하게 뭐라고 말했는지 기억나지 않지만 자기의 요구에 엄마가 곧장 달려오지 않고 동생만 안고 있다는 것에 대한 불만이 너무나 극적으로 터져 나오는 울음이었습니다. 아뿔싸! 아이는 그제야 자신이 폐위되었다는 실체를 경험하는 중이었던 것입니다. 그리고 이런 실감은 앞으로 한동안 지속될 것이었죠.

고양이가 살던 집에 하필이면 하나부터 열까지 다 고양이와 상극인 개가 온다는 이야기 속 설정도 아주 적절해 보입니다. 엄마들은 "같은 배에서 나왔건만" 어떻게 이렇게 다르냐고 하지만 사실 따지고 보면 같은 배가 아닙니다. 한 번 출산했던 자궁과 다음 출산을 준비하는 자궁은 물리적으로 다르고요, 아이가 태어난 이후 맞닥뜨린 환경도 다릅니다. 첫 아이는 부모를 비롯한 다른 가족의 사랑과 관심을 독차지했던 시간들을 가져봤지만, 둘째 이후는 오롯이 자기에게만 스포트라이트가 주어지는 경험을 하지 못하거든요. 그러니 자꾸 조건이 같은데 왜 너희는 다르냐고 다그칠 수가 없는 것이죠. 그러니 핵심은 서로 다른 아이들, 달라도 너무 다른 아이들이 한 부모 밑에서 어떻게 하면 평화롭게, 각자의 빛깔에 소신을 갖고 살아갈 수 있게 키울 것이냐가 되어야 합니다.

각자 소중한 존재임을 인정해주세요

자녀들이 각자 다르다는 것을 충분히 인정해주세요. 그리고 개별 아이들의 특징을 장점 위주로 살펴봐주세요. 고양이는 깔끔하고 조용한가 하면, 개는 사람을 좋아라 하잖아요. 이렇듯 자녀의 장점을 찾아주고 이것을 부모가 안다는 것을 자녀가 알 수 있게 해주세요. 여기까지 가야 합니다. 아이들의 부족한 부분이 아니라 잘하고 있는 면, 노력하지 않아도 그냥 있는 그대로, 자기 편한 대로 하는데 그게 아이의 자원이라면 그걸 콕 집어서 칭찬해주세요. 그런 자질은 오래 지속되기 쉽고, 그래서 장차 더 발전적인 모습으로 계발되기도 쉽거든요. 아이들 개별 장점뿐만 아니라 둘, 셋이 어울려서 만들어내는 조화에 대해서도 언급한다면 효과가 더 좋을 것입니다.

"○○이 웃는 모습을 보면 아빠도 기분이 좋아져. 다들 그렇게 생각할 거야."

"어떻게 그런 단어가 생각이 났을까. 와, 언어의 마술사!"

"둘이 재미있게 놀고 있었네. 엄마가 완전 흐뭇한 거 있지!"

아이들이 어리면 그렇게 할 시간적 여유가 부족하기는 하지만 그래도 자녀들을 개별적으로 만날 기회를 확보하면 형제자매 간 경쟁 관계를 다루는 데 도움이 됩니다. 큰아이도 서열로는 맏이이고 그래서 양보를 해야 하는 입장이지만 따지고 보면 어린아이입니다. 동생(들)이 없다면 여전히 부모의 사랑을 독차지했을 테지요. 둘째, 셋째는 손윗형제 없이 부모를 온전히 누려보는 경험이 맏이에 비해 상대적으로 부족했을 것이므로 그런 시간을 일부러라도 만들어주면 상대적 박탈감으로부터 조금은 자유로워질 수 있을 것입니다.

이런 개별 데이트 시간을 굳이 가정 밖에서 갖지 않아도 됩니다. 아이 성향에 맞춰 조용히 집 안에서 해당 아이하고만 놀이하는 시간을 가질 수도 있죠. 도서관이나 놀이터로 나갈 수도 있고, 시장이나 마트로 나가 사람 구경, 세상 구경을 하면서 즐거운 시간을 보낼 수도 있습니다. 이 시간은 아이들이 가족 안에서 느꼈을 다양한 감정에 대해서 특히 형제자매들 간에 있을 수도 있는 미묘한 감정에 대해 다뤄줄 수 있는 기회가 되기도 합니다. 아이의 입장에서 경험했을 황당함, 화남, 서글픔이나 소외감에 대해서 잘 들어주고, 감정에는 죄가 없으니 그런 기분을 느꼈던 아이에게 공감해줍니다.

섣불리 누군가의 입장을 대변해주기보다 그저 "○○이가 그렇게 봤다면 네 말대로 서운(화/속상)했겠다"고 해주세요. 안아주고 뺨에 뽀뽀를 해주거나 어깨동무 등의 스킨십이 있어도 좋습니다. 아이들은 부모의 애정 어린 손길을 어색한 듯 뿌리쳐도 내심 반기고 좋아하거든요. 이렇게 오롯이 자신만을 향하는 부모와 눈을 맞추며 아이들의 마음은 조금 더 넓어지고 다른 형제들을 포용할 준비를 더 갖추게 될 것입니다. 이런 시간은 부모로 하여금 자신의 자녀를 조금 더 찬찬히 경험하고 몰랐던 부분을 알게 해주는 고마운 기회가 될 것이고요.

부모가 아이들과 개별적으로 보내는 시간만큼 중요한 것은 온 가족이 함께 즐거운 경험을 하는 것입니다. 준비부터 온 가족이 함께 한 주말 점심 혹은 저녁 식사, 누군가의 생일, 졸업이나 입학 등 특별한 행사도 좋겠고요, 등산을 같이 가거나 모처럼 별러서 캠핑이나 여행을 다녀올 수 있다면 더 좋겠죠. 수고와 불편함을 감수해야 하고 티격태격 의견 충돌도 있지만 그래서 심심하지 않고 재밌는 시간들을 자주, 많이 갖게 되면 서로를 맞추는 것에도 더 익숙해지고 서로의 소중함에 대해서도 더 깊이 깨닫게 될 것입니다. 고양이가 너무나 다른 개 때문에 힘들어서 차라리 이 집에서 나가주길 바랐지만 은근슬

쩍 개를 그리워하듯 말이죠. 더불어 아이들끼리 같이 즐거운 시간을 보낼 수 있는 기회를 만들어주면 좋습니다. 같이 캠프에 참여하거나 봉사를 하는 것도 좋은 수단이 될 수 있습니다.

더불어 잘 살아가기 위해서

성장함에 따라 각자의 영역과 공간을 마련해주면 경쟁으로부터 조금은 자유로워질 수 있고, 더불어 같이 잘 지내기 위한 규칙도 세워나가는 게 필요합니다. 부부 사이도 그렇지만 각자 싫어하고 못 참는 부분을 서로 조심하는 게 중요합니다. 아이들끼리 조정할 수 있다면 좋겠지만 유아에게는 힘든 일이어서 부모가 미리 큰 경계를 세워준 후 세부 규칙을 만들어나가게 하거나, 아이들의 협상을 도와줄 수도 있습니다. 늘 양보하는 자녀가 있다면 너그러운 마음을 인정하고 가치를 부여함으로써 다른 자녀들도 양보의 미덕을 알 수 있게 해 줍니다.

"○○이는 먼저 장난감을 고를 수 있었는데 **이에게 양보를 하네. ○○이가 이렇게 양보할 줄 알아서 엄마가 아주 흐뭇해!"

"아빠한테는 이렇게 양보할 줄 아는 딸이 있네! 아빠 복도 많지."

때로는 용기를 내서 자기 목소리를 내야 한다는 것도 가르쳐주어야 합니다.

"○○아, 오늘 저녁 메뉴를 **이 마음대로 골라도 되는 거야? 안 섭섭하겠어? 지난번에도 **이가 하자는 대로 했잖아. 이번에는 네가 골라보는 거야. 그래도 괜찮아."

내 마음이 원하는 대로 했을 때 누군가가 서운해하고 그로 인해 마음이 불편해지는 것을 피하는 건 종종 아름다운 배려이지만 때로는 그 불편감을 넘어서야 할 때도 있잖아요. 아이 때부터 그걸 연습할 수 있다면 자연스럽게 자기 목소리를 내는 것과 양보하는 것 사이에서 균형감을 갖춰 나갈 것입니다. 이렇게 건강한 자기주장과 양보 사이의 적절한 균형감이야말로 업무로 맺어진 관계에서부터 소중한 인연까지 다양한 관계를 성공적으로 끌고 갈 아주 중요한 덕목이 됩니다.

그런 의미에서 위에 기술한 원칙과 전략은 형제자매 간의 지나친 경쟁심을 다루기 위해서뿐만 아니라 유치원이나 어린이집에서, 학교 교실에서, 동아리나 학원 활동에서 자기만 돋보이고자 하고 관심을 독차지하려는 마음이 많은 아이들에게 적용해볼 수 있습니다. 구체적인 상황은 다르지만 적용될 수 있는 기본 원리는 동일하니까요.

개가 주인 따라 산책 나간 줄도 모르고 시끄럽고 지저분하고 멍청한 개가 없어진 집에서 개를 살짝 그리워하던 고양이는 개가 돌아오자 반가운 듯 아쉬운 듯 개를 맞이합니다. 마음은 벌써 개와 함께하기 위한 태세를 갖추고 있는 듯하니 둘의 생활은 처음보다 조금 더 평화로울 수 있지 않을까 상상해봅니다. 그래서인지 책장을 덮기 전 마지막 그림은 온통 고양이 액자로 도배가 된 첫 장과는 달리 개와 고양이의 액자가 고르게 걸려 있고, 소파 위에서 개와 고양이가 뒤엉켜 평화롭게 잠들어 있는 모습입니다. 우리 아이들도 조금씩 양보하며 불편을 감수하면서 형제자매, 또 친구들과 더불어 함께하는 즐거움을 알아가길, 소중한 것을 나누는 기쁨을 누리길 기대해봅니다.

아이 마음이 부서지던 날
아이와 부모의 단단한 연결을 위해

> 어떤 이야기일까?

고함쟁이 엄마
유타 바우어 글, 그림 | 이현정 옮김 | 비룡소

엄미 펭귄이 오늘 아침, 아기 펭귄에게 고함을 질렀습니다. 너무 놀란 아기 펭귄의 몸은 사방으로 흩어졌죠. 머리는 우주로, 몸은 바다로, 날개는 밀림으로, 부리는 산꼭대기, 꼬리는 거리 한가운데, 그리고 두 발은 달리기 시작해서 사막 한가운데 도착합니다. 아기 펭귄 스스로 자신의 몸을 찾아서 수습해보고자 하지만 어렵습니다. 그런 상황에서 엄마가 아기 펭귄의 몸을 한데 모아 꿰매서 나타납니다. 이제 마지막 남은 건 다리를 연결하는 것이죠.

다 꿰매고 나서 엄마는 아가에게 사과합니다. "아가야, 미안해."

존재가 산산이 흩어지는 경험

안 그래야지 다짐하지만 오늘도 엄마는 고함을 지르게 됩니다. 이것저것 해야 할 일들 때문에 마음이 바빠지고, 여러 번 같은 말을 해야 될 때 인내심은 눈에 띄게 고갈됩니다. 그러다 어느 순간 고함을 치게 되죠. 아이들은 엄마의 고함을 어떻게 받아들일까요?

아이들에게 부모는 세상 그 자체입니다. 특히 어린 아이들에게 엄마의 고함 소리는 아이의 세상을 흔들어놓기에 충분합니다. 게다가 대개의 경우 엄마들이 고함을 칠 때 얼굴 표정도 험악해지잖아요. 그러니 아이의 마음은 얼어붙고 두려움에 떨게 됩니다. 정신이 하나도 없어지면서 심리적으로는 자신의 온 존재가 산산이 흩어지는 경험을 하게 됩니다. 이 책은 그러한 아이의 심리 상태를 잘 보여주고 있습니다. 이렇게 자기 자신이 통일성 있는 하나로 모이지 못하고 여러 개로 쪼개지는 것을 파편화 Fragmentation라고 합니다.

물론 우리는 상황과 장면에 따라 각기 다른 모습을 보이고 감정도 다양하게 느끼죠. 그럼에도 불구하고 우리는 스스로에 대해 일관된 명제, 즉 '나는 ~한 사람이다'라는 개념을 갖게 됩니다. 이게 바로 개인의 정체성Identity이죠. 아이들은 아직 자신의 정체성이 완성되어 있지 않고 한창 만들어지고 있는데, 자신을 대하는 주변 사람들의 반응을 통해 자신에 대한 개념을 만들어갑니다. 엄마, 아빠, 친구, 형제, 선생님, 이렇게 아이의 주변에서 아이에게 크고 작은 영향을 미치는 사람들의 반응을 통해서 말이죠. 이런 사람을 심리학에서는 중요한 타인Significant others이라고 부릅니다. 중요한 타인이 한 말이나 행동은 아이에게 지대한 영향을 미칩니다. 특히 엄마, 아빠와 같은 주양육자의 부정적인 행동, 즉 큰소리, 굳은 표정, 쌀쌀맞은 태도, 싸늘한 눈초리 등은 아이의 마음을 얼어붙게 하고 그것은 곧 아이의 존재 자체를 흔들어놓아 제대로 기능할 수 없게 만들기도 합니다.

얼마 전까지만 해도 나를 사랑해주고 감싸주던 엄마인데 그런 엄마(전적으로 좋은 엄마, good mother)는 온데간데없고 나를 잡아먹을 것만 같은 아주 험악하고 무서운 엄마(전적으로 나쁜 엄마, bad mother)만 눈앞에 있는 거죠. 아이들은 아직 이

두 엄마를 하나로 합칠 만큼 인지적, 정서적으로 충분히 성숙하지 못합니다. 그래서 아이들의 마음에는 이 두 엄마가 각기 따로따로 존재하게 되는데, 학자들은 이를 분열Splitting이라고 부릅니다. 어린 아이들에게서 이런 현상은 자연스러운 것이고, 장차 아이들은 마음의 성숙을 통해 자신을 비롯한 여러 사람들이 보일 수 있는 모순된 모습이 모두 한 사람이 상황에 따라 보일 수 있는 여러 모습이라고 통합하여 이해할 수 있는 상태로 나아가게 됩니다.

하나의 대상에 대해 여러 모습이 존재할 수 있고 그럼에도 그것이 한 존재라는 감각을 유지하는 것, 그것을 상담이론에서는 대상항상성Object Constancy*이라고 부릅니다. 아이들이 성장하면서 갖춰야 할 아주 중요한 심리적 덕목이죠.

돌변한 엄마의 모습에 아이들은 일순간 '얼음!'이 되고 멍해집니다. 정신을 차리고 제대로 무언가를 해보려고 하지만 잘 안 되죠. 아이들의 힘만으로는 추스르기가 어렵습니다.

이때 도움을 줄 수 있는 존재 역시 '엄마'입니다. 가장 중

* 대상, 특히 어머니가 곁에 있거나 부재하거나, 또 자신의 욕구를 충족시키거나 좌절시키거나 간에 어머니에 대한 일관된 상(마음으로 그려볼 수 있는 정신적 표상)을 유지할 수 있는 능력을 의미하며, 물체가 눈에서 사라져도 여전히 존재한다는 것을 아는 대상영속성과는 다르다.

요한 타인은 뭐니 뭐니 해도 엄마인 거죠. 밀림과 바다, 우주 멀리까지 가서 아기 펭귄의 흩어진 몸조각들을 가지고 와서 꿰매는 엄마. 사막에 있던 다리를 다 꿰맸어도 엄마의 마지막 행동이 없었다면 아기 펭귄은 다시금 정신을 차리지 못했을 겁니다. 그건 바로 "미안해"라는 사과의 말이죠. 따뜻한 표정과 부드러운 눈길로 아이를 꼭 안아주면서 "사랑해"라고 말해주는 것이야말로 아이를 원래대로 되돌리고 엄마와 아이 사이를 단단히 붙들어 매는 역할을 합니다.

다시 마음을 회복할 수 있을까

엄마의 고함 한마디에 아이들의 영혼은 멀리 우주까지도 날아갈 수 있다니, 그러다가 혹시 아이의 심리 상태를 원상복구시키지 못할 수도 있을까요? 아이에게 이런 충격을 주지 않으려면 어떻게 해야 할까요?

화나는 마음은 아이와 엄마 사이를 방해하는 대표적인 감정입니다. 화는 대부분의 경우 곧바로 폭발하게 되지는 않습니다. 아예 화가 나지 않으면 좋겠지만 엄마도 사람이기에 생기는 화를 어쩌겠어요. 그래도 화가 폭발하는 것만큼은 막아야죠?

아이를 향해 화나는 마음이 스멀스멀 올라올 때, 서서히 차올라서 조금 있으면 폭발하겠다 싶을 때 바로 그때 버튼을 눌러야 합니다. 마음속으로 '잠깐!', 'stop!'을 외치고 폭발하려는 순간을 넘겨야 합니다. 순간을 넘기는 데는 여러 방법이 있습니다. 마음속으로 숫자를 세거나, 아이와 같이 있는 공간을 잠시 피해 화장실에 다녀오거나, 거실이나 베란다에 갔다 오는 것, 손을 씻거나 세수를 하는 것도 아이와 나 사이를 환기시켜줄 수 있는 방법이 됩니다. 혹은 상상 속에서 내가 가장 편안하게 여기는 곳에 머물다 오는 것도 위기의 순간을 모면할 수 있는 방법입니다. 이때를 위해 자신을 진정시키는 말을 준비해두었다가 급히 떠올릴 수도 있죠.

이렇게 해서 화가 폭발하는 것을 막았다면 다행인데 그렇지 못하고 아이에게 화를 내고 고함을 쳤다면 어떻게 해야 할까요? 지금부터가 중요합니다. 힌트를 얻기 위해 엄마 펭귄의 행동을 떠올려보죠. 엄마 펭귄은 아기 펭귄의 몸을 챙겨오고 꿰매주었죠. 이때 주도권은 엄마가 잡아야 합니다. 엄마가 먼저 해야 한다는 거죠. 아이의 마음을 풀어주고 녹여주어야 합니다. 어떻게 시작하면 좋을까요?

아이와 다시 마음을 연결해볼 계기를 만들어야겠죠. 아이가 뒤끝이 없어 스스럼없이 다가온다면 다행이지만 그렇지 않고 뭔가 서먹한 기운이 감돈다면 엄마가 더 애를 써야 합니다. 어려운 건 아니에요. 미안한 마음을 전달하면 되는 거니까요.

"○○야, 아까는 많이 놀랐지? 엄마가 미안해."
"엄마가 차근차근 설명을 못해주고 큰소리를 질렀네. 엄마가 미안해."

이렇게 사과의 말을 전하는 것, 그것이 바로 엄마 펭귄이 아기 펭귄의 몸을 꿰매주어 다시 숨을 쉬고 제대로 살 수 있게 해준 일이죠. 그렇게 사과의 말을 한 후 아이를 꼭 안아주세요.
그리고 할 수 있다면 아이의 마음에 대해 얘기 나누는 시간을 갖는 것이 도움이 됩니다. 아까 엄마가 크게 고함쳤을 때 아이 마음이 어땠는지, 얼마나 무서웠는지, 엄마가 또 어떤 때 무서운지, 우리 엄마는 고함쟁이 엄마인지, 그게 아니면 무슨 쟁이 엄마인지 등에 대해 이야기 나누면 그게 바로 아이와 나누는 상담적 대화가 됩니다. 아이와 조금 더 이야기를 이어갈 수 있다면 엄마는 어떤 때 아이로 인해 마음이 힘들어지는지에 대해서도 얘기할 수 있습니다. 아이가 소화할 수 있는 선에서 말이죠.

이렇게 마음이 통하고 분위기가 풀렸다면 『고함쟁이 엄마』를 읽어보기로 합니다. 고함지르는 대목에선 엄마랑 아이가 번갈아가면서 소리를 질러도 좋겠죠. 어쩌면 아이의 고함에 엄마가 깜짝 놀랄지도 몰라요. 평소 엄마한테 불만이었거나 바랐던 것을 큰 소리로 말해볼 수도 있겠죠. 이렇게 서로서로 고함을 지르면서 웃다 보면 어느덧 엄마와 아이 사이에 있던 담은 허물어지고 마음과 마음이 연결됩니다. 그리고 아이들은 아까의 고함치는 나쁜 엄마와 지금 내 마음을 알아주고 사과하고 다독여주는 좋은 엄마가 같은 엄마라는 것을 마음으로 경험하게 됩니다. '대상항상성의 획득'이라는 성취해야 할 심리적 과업에 조금 더 가까워집니다.

곁에 있는 것만으로도
아이가 건너야 할 좌절과 실패

> 어떤 이야기일까?

가만히 들어주었어
코리 도어펠드 글, 그림 | 신혜은 옮김 | 북뱅크

데일러는 뭔가 새롭고 특별한 것을 만들고자 했습니다. 마침내 놀라운 것을 만들고 뿌듯해하고 있을 때 난데없이 나타난 새들로 인해 테일러의 작품은 무너졌습니다. 이 상황을 가장 먼저 알아차린 닭이 어떻게 된 건지 말해보라고 했지만 테일러는 말하고 싶지 않았죠. 화가 날 테니 소리를 지르라고 한 곰, 고쳐줄 테니 원래 모양을 떠올려보라고 한 코끼리, 웃어 넘기라는 하이에나, 아무 일 없듯이 숨으라는 타조, 싹싹 치워버리라는 캥거루,

다른 친구들 것도 무너뜨리자는 뱀까지 여러 동물들이 차례대로 왔다갔지만 테일러가 자기들의 의견을 따르지 않자 곧 떠나버립니다. 혼자 남은 테일러에게 토끼가 다가와 가만히 곁에 앉았습니다. 테일러의 이야기를 들어주고, 소리 지르는 것도 들어주고, 테일러가 기억해내고 웃는 것도, 상자에 넣어 치우는 것, 복수할 계획까지도 모두 다 들어주었습니다. 이 모든 과정을 같이 해준 토끼에게 테일러가 말합니다. "다시 해볼래, 지금 당장!"

아이의 좌절과 실패를 대하는 법

공들여왔던 일, 혹은 본인에게 뿌듯함을 안겨주었던 일이 예기치 못하게, 갑작스럽게 망가지면 아이나 어른이나 실망하게 됩니다. 공들여 쌓은 블록이 사소한 실수에 무너지거나, 잘 오려나가다가 잠깐의 실수로 로봇의 팔다리가 잘리는 것, 엄마 얼굴 그림에서 마지막 눈썹이 삐져나가는 것 등 어른들의 눈에는 별거 아닌 거 같아 보여도 아이들에겐 세상이 무너지는 일일 수 있습니다. 그래서인지 이런 상황에 놓인 아이들의 눈물이 어찌 그리 진심인지요.

인간은 누구나 실패를 하고 좌절을 하고 상실을 겪습니다. 정도에 있어서 차이는 있겠지만 이런 일들은 모두 아이들의 마음을 아프게 하는 것이죠. 아이들의 눈물을 옆에서 보는 어른들의 마음도 무겁기는 마찬가지입니다. 아이들에게 이런 실패나 좌절은 사소한 것이라도 없어야 할까요? 그래서 우리는 아이들이 가능한 한 이런 실패를 겪지 않도록 장애가 될 만한 것들을 앞다퉈 치워주고 막아주어야 하는 것일까요?

살아가면서 실패나 좌절을 피할 수 없기에 부모는 아이가 가능한 한 실패를 덜 겪게 해주고 싶어 합니다. 조그마한 좌절도 없기를 바라고, 자녀들이 덜 가슴 아프기를 기대하죠. 그러나 좋은 것들이 충분히 있는 환경에서 하는 나쁜 경험, 즉 좌절이나 실패, 상실 등의 경험은 아이들에게 도움이 될 수 있습니다.

특히 생애 초기 아기들의 경우 몸은 엄마와 떨어져 출생하지만 심리적으로는 아직 엄마와 하나인 상태에 상당 기간 머무릅니다. 그러다가 점차 엄마로부터 분리되어 독립된 자기를 형성하게 되는데요, 이런 시기에 겪는 나쁜 경험은 아기들이 장차 발달시켜나가야 하는 양극의 경험, 즉 엄마와 엄마가 아닌 나, 좋은 것과 나쁜 것을 분별하고 구분해나가는 것에 도움을 줍니다.

좋은 것만 있어서는 이러한 차이를 체득해나가기 어렵기에 대비, 대조의 경험이 필요한 것이죠. 물론 이때 조건이 있습니다. 아기의 주변에 좋은 것이 훨씬 많은 상태에서 이러한 불쾌한 경험을 해야 한다는 것입니다. 배고프거나 추울 때, 무섭거나 지루할 때 이러한 자신의 불편한 상태를 찡그린 표정이나 울음 등으로 신호를 보내면 민감한 양육자가 아기의 필요를 적절히 채워주는 경험이 주류를 이루는 상태에서 하는 불쾌한 경험이어야 아기가 이뤄나가야 하는 발달을 촉진할 수 있습니다.

그러니 아이에게 안 좋은 경험을 하게 해주는 상황을 너무 꺼리지 마세요. 아이의 실패에 너무 가슴 아파하지 마세요. 필요할 때 아이에게 제한하기를 주저하지 마세요. "안 돼", "이제 그만", "멈춰" 이런 얘기들을 남발해서는 안 되겠지만 꼭 해야 할 때에는 할 수 있어야 합니다.

아이에게 주는 '최적의 좌절'

대신 그 제한을 가할 때 기억해야 할 점이 몇 가지 있습니다. 앞에서도 잠깐 언급했지만 아이에게 제한하는 것보다 허용하는 것이 훨씬 많아야 한다는 것이고요, 다음으로 제한을 할 때에는 감정을 실어서 하면 안 된다는 것입니다. 부모가 감정적으로 격앙된 채 내뱉는 말이나 행동은 아이의 존재 자체를 거부하는 것으로 보일 수 있어 자칫 아이에게 깊은 상처를 남길 수 있습니다. 부모가 제한하는 것은 아이의 특정 행동일 텐데 부모의 감정이 소화되지 않은 채 나가면 아이는 자신을 싫어하고 거절하는 것으로 받아들일 수 있습니다. 그러니 아이에게 제한을 가하기 전에 '내가 차분하고 의연하게 말할 수 있나?' 한번 생각해보세요.

또한, 지금 당장 아이의 행동을 제한하지만 그 대신 아이의 욕구를 건강하게 충족시킬 수 있는 대안을 같이 제시해주어야 합니다. 이런 식으로 제한받은 아이는 부모가 꼭 필요할 때에 자기를 위해 제한한다는 것을 이해할 수 있게 됩니다. 부모가 정말 필요할 때에만 자신의 요구를 좌절시킨다는 것을 알면 아이들은 부모의 제한에 귀 기울이고 그것을 수용하게 됩니다. 이런 과정을 통해 아이들은 멈춰야 할 때 멈출 수 있게 되고, 부모가 없더라도 스스로를 제어해나갈 수 있게 됩니다.

이렇게 아이가 자신의 존재 자체를 거부당하지 않고, 특정 행위에 대해 제한당하여, 감당할 수 있고 결국에는 성장할 수 있도록 도와주는 좌절을 학자들은 최적의 좌절Optimal frustration이라고 부릅니다. 건강한 좌절을 겪은 아이들은 자신에게 필요한 것이 주변에서 저절로 다 주어지는 것이 아님을 알게 되고, 자신의 필요에 따라 그것을 채우기 위해 노력해나가는 아이로 성장하게 됩니다. 이것이 바로 좌절이 가져오는 큰 유익입니다. 이런 시각에서 본다면 좌절은 아이로 하여금 자신의 필요와 욕구를 알아차리고 이것을 채우면서 만족감과 자긍심을 누리도록 이끌어나가는 원동력이라고 볼 수 있습니다.

아이의 때가 되었을 때 충분히 들어주기를

그럼 실패를 경험한 아이를 어떻게 대해야 할까요? 계획대로 일이 풀리지 않았던 때를 누구나 한 번쯤 경험해보앉을 것입니다. 그때의 기분도 잘 알 테고요. 자신의 실수 때문이든, 다른 사람이나 물건 같은 외부 환경 때문이든 실패를 하고 좌절을 한다는 것은 얼마나 아픈 경험인가요. 도움이 되는 면이 있다고 하지만 그래도 아프지 않은 건 아니죠.

이때 가장 좋은 것은 해당 상황에 대해서 이야기를 나누는 것입니다. 무슨 일이 일어났고 그 상황에서 어떤 기분을 느꼈고 어떻게 하고 싶은지 등에 대해 이야기를 나눈다면 마음속 응어리가 덜 남을 것입니다. 그런데 중요한 것은 타이밍이죠. 대체 무슨 일 때문에 그렇게 퉁명스러운지, 얼굴이 어두운지 말하고 들을 수 있다면 좋겠죠. 그러나 아무것도 얘기하고 싶지 않을 때도 있습니다. 나에게도 그 일이 소화되지 않아서 떠올리기도 싫고 말하기는 더더욱 싫은 때가 있잖아요.

그럴 때 어른들이 얼른 이야기하라고 다그치지 말고 조금 기다려주는 건 어떨까요? 섣불리 내가 알고 있는, 나에게 효과가 있었던 방식을 제시하며 얼른 실패와 그 실패가 주는 속상한 마음에서 나오라고 강요하기보다 아이가 먼저 자신의 경험을 이해할 수 있도록 시간을 줄 필요가 있습니다. 아이가 자신의 불편한 기분을 견디는 동안 그 마음을 응원하며 아이와 함께 있어주는 것, 아이가 자신의 이야기를 들려주기를 기다리는 것, 그때 드는 부모의 불편한 마음까지도 접어두고 아이에게 집중하는 것, 그것이 좌절을 경험하고 있는 아이에게 가장 필요한 양분이 됩니다.

부모의 성향에 따라 이렇게 기다리는 것이 정말 어렵기도 합니다. 때로는 아이보다 더 불안해하고, 더 착잡해하는데, 아이에게 무슨 일이 일어났는지 듣고 싶은 마음이 아이를 위하는 것인지 아니면 답답한 내 마음의 짐을 덜고 싶은 것인지를 구분해야 합니다.

아이의 시간표에 맞춰 때로는 부모도 가슴속 돌덩이를 당분간 갖고 있어야 할 때도 있습니다. 해결되지 않아 뭔가 어정쩡한 상태로 있는 시간도 아이에게 필요하다면 제공하겠다는 마음이 전달되기를 기다리면서요. 이런 시간을 건네받은 아이는 자신의 때에 맞춰 이야기를 해줄 것입니다. 그 과정에서 자연스럽게 무슨 일이 있었는지를 알려줄 것이고, 소리를 지르거나 울 수도 있겠죠. 표정과 몸짓으로 그때그때의 기분을 드러내기도 하겠고요. 그러면 가만히 들어주고 과하지 않은 반응을 보여주세요. "그랬구나", "엄마라도 그랬을 거야" 같은 반응은 아이가 자신의 이야기를 이어가는 데 힘이 됩니다. 이런 과정을 몇 번이고 거쳐야 될지도 모릅니다. 소화할 거리가 많다면 더 그렇겠죠. 이런 과정을 충분히 거치고 나면 아이의 마음에는 어느새 새로운 에너지가 차오를 것이고, 망쳐버렸다고 생각했던 일을 다시금 해볼 용기와 의욕이 생길 것입니다.

좌절 끝에 더 빛나는 존재를 약속하며

좌절과 결핍이 갖는 심리적 기능에 대해서 덧붙이자면, 심리학자 융 Carl Gustav Jung 은 극과 극이 통하고, 이런 대극이 통합되는 게 중요하다고 말했습니다. 우리가 더럽게 생각하는 똥, 다 사용되고 남은 배설의 찌꺼기인 똥이 생산의 밑거름이 되고, 겨울은 이미 봄을 잉태하고 있으며, 죽어야 비로소 살 수 있다고요. 알 듯 모를 듯한 이야기 같지만 저는 깊이 공감했습니다.

유난히 삶의 고초와 어려움을 많이 겪었던 대학원생이 있었습니다. 부모로 인해 힘들었고 학생 자신의 선택으로도 인생이 잘 풀리지 않았습니다. 따지고 보면 부모도 자신의 부모(학생의 조부모)로 인해 병들었던 것이고요. 이래저래 생채기가 많은 학생이었는데, 제가 하는 수업 중에는 〈상담기법〉이라고, 심리치료 장면에서 흔히 사용되는 대화기술을 가르쳐주는 강의가 있습니다. 실제로 수강생들이 상담자-내담자로 모의상담을 진행하며 영상을 녹화했다가 다시 보면서 제가 내담자가 필요로 했던 것을 제공하는 적절한 반응을 짚어주고 부족한 반응을 보완하는 방식으로 슈퍼비전supervision[●]을 주며 운영했습니다.

수업 후에는 수강생 모두 자기 나름의 방식으로 상담자의 대안 반응을 작성해보는 과제를 제출했는데, 바로 이 학생의 반응은 너무나 성숙했고 치료적이었습니다. 아직 실제로 상담을 해본 적이 없는 대학원생인데 구구절절 어쩌면 그렇게 상담원리가 녹아든 반응을 작성했는지 제가 감탄을 했습니다.

"상처 입은 레몬만이 상큼하고 맛있는 레몬에이드가 될 수 있다"는 서양 속담이 있습니다. 그 대학원생이 일찌감치 경험한 인생의 상처가, 그것을 소화하기 위해 흘렸던 눈물과 지새우던 밤이 그 학생으로 하여금 인생의 앞면만이 아니라 뒷면을 볼 수 있도록, 빛 뒤에 드리워진 그림자의 의미를 파악할 수 있도록 도와주었던 것이 아닐까요. 앞으로도 그 학생은 상

● 전문가가 초심 또는 수련 상담자의 상담적 대화를 비롯한 상담 사례 운영 전반에 걸쳐 제공하는 일련의 지도 감독.

담자로서 여러 상처 입은 마음이 힘을 얻어 제 갈 길을 갈 수 있도록 분명한 빛을 비춰줄 수 있으리라 기대하고 있습니다.

혹시 지금 어둠의 시간을 지나고 있지는 않나요? 거듭되는 실패나 해결되지 않는 문제로 인해 지치고 낙담해 있지는 않은지요. 지금의 어둠은 이미 새벽 동틀 녘을 품고 있을 것입니다. 지금의 고난은 끝이 있는 인생에서 무엇이 중요한지 깨닫는 지혜와, 자신의 우선순위에 맞춰 더 중요한 것을 선택할 수 있는 용기를 선물할 것입니다. 긴 어둠을 관통한 후 마침내 빛으로 나왔을 때는 그 이전과는 다른 자신이 되어 있을 거예요.

이런 시각으로 나와 나의 아이에게 찾아온 실패와 좌절을 따뜻하게 바라봐주세요. 바로 그 관점을 우리 아이들도 가질 수 있게 될 것입니다.

네 번째 시간

가족의 이름

인생을 살아간다는 것
부부가 되고 아이의 부모가 되어서

> 어떤 이야기일까?

100만 번 산 고양이
사노 요코 글, 그림 | 김난주 옮김 | 비룡소

백만 년이나 죽지 않은 고양이, 백만 번 죽고 백만 번 살아난 멋진 얼룩 고양이가 있습니다. 고양이가 죽을 때마다 고양이를 귀여워했던 주인은 울었지만 고양이는 한 번도 울지 않았습니다. 고양이는 자기의 주인을 좋아했던 적이 없었습니다. 그러다가 누구의 고양이도 아닌 자기만의 고양이가 된 적이 있었습니다. 멋진 얼룩무늬 도둑고양이죠. 고양이는 자기 자신을 가장 좋아했습니다. 여러 암코양이들이 고양이의 신부가 되고 싶어 했습니다.

단 한 마리, 새하얗고 예쁜 고양이를 제외하고 말이죠. 자기에게 별다른 반응을 보이지 않는 하얀 고양이 앞에서 고양이는 말이 많아지더니 급기야는 늘 옆에 붙어 있게 됩니다. 그러다가 새끼 고양이들이 태어났고 고양이는 이제 자기 자신보다 하얀 고양이와 새끼 고양이들을 더 좋아했습니다. 새끼 고양이들은 자라서 뿔뿔이 흩어졌고 하얀 고양이는 할머니가 되어갔습니다. 어느 날 하얀 고양이는 고양이 곁에서 조용히 움직임을 멈췄습니다. 고양이는 처음으로 울었어요. 밤새도록, 백만 번이나요. 아침에서 밤으로, 밤에서 아침으로 이렇게 울다가 어느 날 낮에 고양이는 울음을 그쳤고 움직임을 멈췄습니다. 그리고 다시는 되살아나지 않았습니다.

사랑하는 사람을 만나 가족이 되기까지

저는 이 책을 처음 읽었을 때 엄청 울었습니다. 마음이 슬픈 것은 아니었는데도 하얀 고양이의 죽음 앞에서 하염없이 울던 주인공 고양이나, 또 그 고양이가 마침내 울음을 그치고 움직임을 멈추고 다시는 되살아나지 않았다는 마지막 장에서 어찌나 마음이 동요되던지요. 이상하게 슬프고 아렸습니다. 하얀 고양이를 잃은 슬픔이 너무나 크고, 또 하얀 고양이 없이는 다시 세상을 살아갈 이유가 없어져 다른 모습으로 살아나지 않았다는 이야기가 아름다운데 슬프고 그런데 또 따뜻하다고도 느꼈던 것 같습니다.

　우리도 그렇지요? 누군가의 부모가 되기 전에 독립적인 성인 남녀였고 사랑해서 서로의 인생에 기꺼이 관여하기로 한 것이잖아요. 사람들 위에 군림하고 잘난 척할 이유도 없지만 그렇다고 과도하게 누군가의 비위를 맞추려 비굴해지고 자기가 아닌 다른 사람이 될 필요도 없죠. 그렇게 있는 그대로 줏대 있게, 자기 자신의 색깔을 지키며 인생을 살아가는 것이죠. 그러다가 아마도 우리가 인연이라고 말할 만한 상대를 만나면 지금까지 지켜왔던 많은 것들이 달라지게 됩니다. 상대방의 기분이나 취향을 신경 쓰게 되고, 예전 같았다면 참지 않았을 법한 상황도 견딥니다. 또 좀처럼 자기 목소리를 내지 않았을 법한 장면에서도 의견을 제시하게 됩니다. 사소한 일로 화가 나기도 하고 별거 아닌 일에도 기분이 좋아지고 그 상대 앞에서는 약해지죠. 마치 세상 아쉬울 거 하나도 없어 보이던 우리의 주인공 고양이가 하얀 고양이 앞에서 말이 많아지고, 하얀 고양이에게 인정받고 싶어 했던 것처럼 말입니다. 그러다가 급기야는 자기밖에 모르던 주인공 고양이가 자기 자신보다 하얀 고양이, 그리고 그 둘 사이에서 태어난 아기 고양이들을 더 사랑하게 되죠.

부모 이전에 부부가 된 인연의 소중함

효과적인 자녀 양육에 대해서 얘기하다 보면 부모-자녀 관계를 많이 언급하게 되고 부모 역할의 비중을 강조하게 됩니다. 그러다 보면 처음부터 부모는 이런 이름을 가졌던 것처럼 여겨지게 되는데요, 사실 우리 누구도 그게 먼저는 아니었습니다. 누군가의 부모가 되기 전에 우리는 그저 성인이었고 사랑하는 연인을 만나서 가정을 이뤘던 것입니다. 그게 가장 먼저였던 거죠.

두 성인 남녀의 사랑의 결실 중 하나가 자녀들이고, 그들 또한 부부에게 중요하기에 잘 키우고자 애쓰는 것입니다. 따지고 보면 애초에 부부가 없었다면 부모-자녀 관계도 없죠. 자녀들이 어려서 전폭적인 성인의 돌봄에 의존해야 할 시기에 자녀 양육과 부모 역할에 에너지를 많이 쓰는 것, 그것은 특정 시기엔 어쩔 수 없는 일이라고 생각됩니다. 그러나 이렇게 기울어진 저울추가 그대로 유지되는 걸 바람직하다고 보기는 어렵습니다.

가족 안에는 부모-자녀라는 하위 체계뿐만 아니라 그보다 더 기초가 되는 부부 하위 체계가 있고 이 역시 소중합니다. 가족 안에서는 부모-자녀 관계에 비해 부부 관계의 역사가 더 오래된 것이죠. 서로 돕고, 갈등이 생겨도 건강하게 풀어내며 서로를 신뢰하는 엄마, 아빠를 보고 자라난 자녀들은 사람과 사람 간 관계에 대해 긍정적인 이미지를 형성합니다. 그리고 이런 인간에 대한 긍정적인 이미지는 자신을 바라보고 평가하는 시각에도 직접적인 영향을 미칩니다. 그래서 저는 아이를 잘 키우기 위해서는 행복한 부부가 되어야 한다는 것을 꼭 같은 무게로 전달하고자 합니다.

부부 관계도 가꾸고 돌봐야 합니다. 화초를 가꾸는 것과 같죠. 시간을 보내고, 불편한 구석은 없는지 살피고, 관심과 사랑을 베풀어야 합니다. 양육과 업무, 가사로 지치고 힘들지만 그래도 부부만의 시간을 만들어보세요. 동네 한 바퀴 산책도 좋고, 짧게라도 카페에서 같이 차를 마셔도 좋습니다. 영화를 보거나 체스 게임을 하듯 시간을 정해놓고 집 안에서 일이 아닌 둘의 관계에 집중할 수도 있습니다.

결혼 전 함께했던 추억을 불러올 수 있는 사진, 노래, 장소, 인물 등을 떠올리며 얘기를 이어갈 수도 있을 것입니다. 그저 스쳐 지나가는 만남이었을 수도 있는데 서로의 인생에서 없어서는 안 될 귀중한 인연으로 삼게 되었던 이유와 결단을 다시 생각해보는 것도 좋습니다. 자녀들이 조금 성장한 후에 부부가 함께 취미 생활을 할 수 있다면 더 좋겠죠. 배우자에게 고마워할 일을 적어보고 눈에 보이는 다양한 방식으로 그 마음을 전하는 것도 필요합니다. 기다려주고, 져주면서도 억울해하지 않고, 귀찮지만 그 번거로움을 참아주잖아요. 고맙고 감사한 일이죠. 받기만 하는 게 아니라 나도 그렇게 한다고요? 일방이 아니라 쌍방으로 이런 배려가 오간다면 두 배로 감사할 일인 거죠!

이렇게 부부 관계를 돌보다 보면 자녀가 성장하면서 맛보는 보람과는 또 다른 활력과 재미를 얻게 됩니다. 그리고 이런 긍정적인 자원을 연료 삼아 또다시 자녀 양육을 비롯한 나에게 부여된 여러 과제들을 넉넉하게 해나가게 됩니다.

아이를 낳고 키우는 일, 이 얼마나 고되고 자기희생이 필요한 어려운 일입니까. 끝없이 에너지를 소모하는 그 길에서 이렇게 인생을 같이 살아가는 배우자를 통해 에너지를 충전받는 것은 정말 기막힌 위로가 아닌가 생각됩니다. 우리 각자 지금까지 어떤 위로를 주었는지, 또 어떤 위로를 받았는지 생각해보고 그 마음을 더 늦기 전에 전하면 좋겠습니다.

내 삶의 주인으로, 내가 선택한 가족을 돌아보며

그런데 이 책을 다시 한 번 읽으니 눈에 들어오는 대목이 있습니다. 그건 우리의 주인공 고양이가 매번 자기의 주인을 싫어했다는 부분입니다. 고양이는 번번이 주인을 싫어하고 주인이 좋아하는 환경이나 맥락을 싫어합니다. 그런데 이런 고양이의 마음을 아는지 모르는지 주인들은 자기들은 좋아하지만 고양이가 싫어하는 환경으로 고양이를 데려가고, 주인은 즐기지만 고양이는 내켜하지 않던 그 맥락에서 고양이는 죽어나갑니다. 어쩌면 그래서 고양이는 죽어도 슬프지 않았을지도 모르겠습니다. 누군가를 주인으로 섬기면서 원하지도 않는 삶을 살아야 한다는 건 굉장히 고달픈 일이지 않겠습니까. 그래서 아마 누구의 고양이가 아닌 그냥 자기만의 고양이가 되었을 때 고양이는 참으로 만족했을 듯합니다. 고양이는 자기를 무척 좋아했기에 자신이 주인인 삶을 살게 되었을 때 당당하고 활기찼을 거라 생각합니다.

주인공 고양이처럼 자신의 삶에 주인이 되어본 적이 있나요? 그런 삶을 잘 살고 있나요? 지금 내 삶의 주인은 누구 또는 무엇입니까? 우리는 모두 사회의 일원으로 살아가죠. 그래서 우리가 살아가는 공동체에서 통용되는 규칙과 질서에 나를 맞춥니다. 그 조직이 인정하는 방식을 기준 삼아 그것에 가치를 두고 살아가죠. 그렇게 사회가 요구하는 모습에 대해서 융은 고대 그리스 시대 연극배우들이 역할에 맞춰 가면을 쓰고 연기했던 것을 지칭하며 페르소나Persona라고 지칭한 바 있습니다. 사회적 얼굴을 갖는다는 뜻입니다.

우리에겐 각자 페르소나가 필요하지만 그것은 필요에 따른 역할이라는 것을 기억하고, 진짜 자기 본연의 모습을 놓치지 말아야 합니다. 필요할 때에 사회가 요구하는 행동을 하긴 하지만 그것이 진짜 내 모습과는 조금 차이가 있다는 것을 잊지 말아야 한다는 것이죠. 진짜 내 모습, 자연스럽고 편안한 나다운 모습이 있는 거잖아요. 바라건대 사회적으로 보이는 얼굴과 나의 진짜 얼굴이 너무 많이 다르지 않기를요.

우리 사회는 너무 일찌감치 페르소나를 발달시켜나가는 문화를 갖고 있습니다. 너무 일찍, 너무 두꺼운 페르소나를 발달시키다 보면 정작 페르소나를 벗고 난 뒤 자기의 얼굴을 갖고 있기가 어렵죠. 그럴싸하고 멋들어진 가면이 있는데 그 가면 밑에는 너무나 작고 초라한 맨 얼굴이 있다고 상상해보세요. 얼마나 기괴한가요.

지금까지 우리가 우리의 모습에 긍지를 느끼며 솔직하게 살아왔다면 앞으로도 쭉 그러하기를, 만약 그런 삶을 살지 못했다면 너무 늦지 않게 있는 그대로의 자기 모습을 사랑하고 그것에 맞춰 소신껏 살아갈 수 있기를 바랍니다. 그리고 이렇게 진솔하고 당당하게 살아가는 부모 밑에서 자란 아이들이 부모와 마찬가지로 자기 자신의 삶을 알차게 꾸리고 흐뭇해하기를 소망해봅니다.

이렇게 혼자서도 만족스럽고 행복해야 누군가를 만나서도 같이 행복해하며 서로의 성장을 위해 기꺼이 자신을 내어주는 헌신을 할 수 있습니다. 이때의 헌신은 자기만으로는 너무나 빈약하고 초라해서 막강한 상대방 안으로 녹아 흡수되는 게 아니라, 이미 확고한 내가 기꺼이 나의 경계를 허물고 넓혀서 상대를 받아들이고 맞춤으로써 더 확장되는 과정입니다.

자기의 삶에 있어서 주인이 되어본 적 있는 주인공 고양이가 그렇게 살아본 시간 후에 하얀 고양이를 만날 수 있어서 다행입니다. 아니 자신의 삶을 살았던 시간이 있었기에 하얀 고양이를 만나서도 흔쾌히 자기를 포기하고 상대에 맞추면서도 소모된다고 불평하지 않았을 거예요.

우리 아이들이 자기의 욕구를 인정하고 즐거워하면서 그에 따라 인생을 결정할 수 있기를 바랍니다. 그렇게 결정한 길에 어려움이 닥쳐도 자신의 선택에 책임을 지면서 씩씩하고 당당하게 살아갈 수 있기를 바랍니다. 그렇게 자신이 주인 되는 삶을 살다가 고양이가 하얀 고양이를 만나듯 인생 여행을 함께 할 누군가를 만났을 때 상대방을 고려하며 자기의 경계를 허무는 용기를 낼 수 있기를 바랍니다.

세상이 무너지는 듯한 두려움이었어
자기를 위로하는 방법 찾기

어떤 이야기일까?

검은 새

이수지 글, 그림 | 길벗어린이

엄마, 아빠가 싸우는 모습을 문틈으로 보게 된 나는 울고 싶어요. 무슨 일이 일어나고 있는지 아무도 나에게 말해주지 않아 속상해할 때 문득 앞에 앉은 검은 새를 보고 나도 날개가 있었으면 하고 바랐어요. 그랬더니 검은 새가 나를 물고 하늘 높이 날아오릅니다. 이미 우리 집은 조그만 점이 되었고, 검은 새에게 올라타 구름 속을, 들판 위를, 큰 바람을 쫓아갑니다. 바람이 속삭이는 대로 하나, 둘, 셋 가볍게 날갯짓을 했더니 세상에! 나도 날고 있

> 어요. 검은 새와 함께 하늘을 날았던 비밀이 나에게도 생겨서 기분이 좋아졌습니다.

아이에게 비치는 부모의 갈등

아이들에게 부모는 세상 전체이고 온 우주입니다. 그래서 엄마, 아빠가 싸우는 상황은 아이들에게 우주가 흔들리고 세계가 무너지는 것과 같습니다. 부부들이야 서로 잡아먹을 듯이 싸우더라도 곧 언제 그랬냐는 듯이 화해의 말 없이 관계가 풀리고 회복되기도 하지만, 부부의 그 비밀을 아이들은 알 턱이 없습니다. 우리의 주인공이 슬퍼져 울고 싶어진 이유도 엄마, 아빠가 언성을 높이며 싸우는 것을 목격해서입니다.

아이들에게는 가급적 부모의 불화하는 모습을 보여주지 않는 게 좋습니다. 부모도 각기 다른 사람이니까 의견이 늘 맞을 수 없죠. 아니 맞는 것보다 맞지 않는 게 더 많을 겁니다. 엄마와 아빠에게 서로 맞지 않는 부분이 있고, 이 둘의 의견이 서로 다르다는 것은 얼마든지 있을 수 있는 일입니다. 불화하지 않는다는 것은 불일치가 하나도 없는 상태를 말하는 것은 아닙니다. 부모 사이에 불일치가 발생했고 둘 사이에 긴장과 어색함이 흐른다는 것을 아이들이 눈치 챘다면 간단히 설명해주면 됩니다. 억지로 아무 일도 없다고 하는 것보다는 간략하게 그리고 조금은 순화해 말해주면서 안심시켜주세요.

"엄마랑 아빠가 서로 의견이 잘 맞지 않아서 조정하고 있는 중이야."
"○○이도 친구들이랑 의견이 서로 다를 때 있지? 그런 것처럼 엄마(아빠)도 엄마(아빠) 의견을 말하다가 소리가 커졌네. 놀랐니?"

중요한 것은 부모가 이러한 다름과 차이를 어떻게 조율해 나가느냐 하는 것이죠. 가장 좋은 모습은 서로의 다름을 인정하고 가장 효과적인 해법을 대화를 통해 찾아나가는 것입니다. 이런 부모의 모습을 많이 보고 자란 아이들은 또래들과 의견이 맞지 않아도 위축되거나 일방적으로 자기주장만 하지 않고 타협안을 만들어나갈 수 있습니다.

그러나 부모들의 대화가 늘 이렇게 해피엔딩은 아니죠. 가족이라서, 부부라서 더 인내심이 부족하고 예의도 덜 갖추게 되는지도 모릅니다. 그러다 보면 쉽게 상대를 깎아내릴 수 있고 기분이 나빠져 목소리가 커질 수도 있습니다. 그리고 이런 상황은 아이들에게 불안과 공포를 불러일으킵니다. 이런 모습에 자주 노출된 아이들은 이러다가 우리 부모가 헤어질지도 모른다는 생각을 하게 될 수도 있습니다. 그렇게까지 진지하게 받아들일 필요가 없는 부모의 갈등도 아이 눈에는 심각해 보일 수 있는 법입니다. 부모들이 자녀가 오해하지 않도록 상황을 설명해주면 좋으련만 그렇게 하지도 않기 때문에 아이들의 걱정은 더 커질 수 있습니다.

우리에게 존재하는 검은 새

그림책 속 주인공 '나'도 그래서 마음이 힘들어졌습니다. 무슨 일이, 그것도 안 좋은 일이 일어나고 있는데 정체를 모르기 때문에 나는 불안하고 속상합니다. 그때 눈에 띈 작은 검은 새, 이 새처럼 날개를 달고 훨훨 날 수 있다면 한결 기분이 좋아질 텐데. 그런데 이게 무슨 일일까요? 나의 마음속 소원을 듣기라도 한 듯 검은 새가 다가와 나를 물어 태우고는 하늘을 날아줍니다. 이때만큼은 엄마, 아빠의 다툼도, 나에게 비밀로 하고 있어서 받았던 소외감도 모두 잊을 수 있죠. 우리 집이 점이 되어버리니 큰 걱정거리도 아무것도 아닌 듯 여겨집니다.

여기서 더 나아가 나는 새로운 경험을 합니다. 지금까지의 한계를 넘어서 다른 차원의 세계를 맛보는 것이죠. 마치 하늘을 나는 듯한 자유로움과 자기 경계를 넘어서는 경험을요. 다시금 현실로 돌아와야 하겠지만 검은 새를 타고 하늘을 날았던 경험은 이미 나를 확장시켜놓았기에 이전과는 다른 내가 되어 있죠. 기분 전환 되었던 것은 말할 것도 없고요.

책 속의 '검은 새'는 무엇일까요? 그림책의 여러 등장인물, 동물들, 그리고 사건은 비유라고 할 수 있습니다. 그렇기에 오직 이것만을 의미한다고 딱 정할 수는 없습니다. 읽는 이마다 다른 생각을 하고 다른 통찰을 얻을 수 있으니까요. 저는 이 검은 새를 '중간대상 Transitional object' 또는 '중간영역'의 개념으로 보고자 합니다. 중간대상은 아이가 성장하여 엄마로부터 심리적으로 독립하게 되면서 엄마와의 분리 시기에 불안과 긴장을 다루고자 특정 물건에 애착을 두어 때론 엄마로 때론 자기로 여기면서 위안을 삼는 물건을 말합니다. 통상 부드럽고 따뜻한 물건이 여기에 해당되기 때문에 애착 인형으로 알려져 있죠. 그러나 인형만 여기에 속하는 것이 아니라 베개, 담요, 옷 등이 속할 수 있습니다. 그리고 점차 이런 기능을 하는 것은 구체적인 물건에서 형체가 없는 것으로 발전하는데요, 노래, 이미지나 기억, 특정 의식Ritual, 놀이 등이 해당됩니다.

중간대상, 중간영역/현상은 모두 자기 위로Self-Soothing의 기능을 가지고 있습니다. 아이들은 배우지 않아도 자기 스스로를 돌보고 위로합니다. 손가락이나 입술을 빠는 신체 행위로, 특정 물건을 만지고 끌어안는 것으로, 또 노래나 놀이로도 자기를 위로할 수 있습니다.

저는 이것이 아주 건강한 방식이라고 말하고 싶습니다. 그래서 주변의 어른들은 아이가 누군가의 돌봄과 위로에 의해 진정될 뿐만 아니라 자기 스스로를 위로하는 방법을 터득할 수 있도록 도와주어야 합니다. 그 방법이 더 다양해지고 발전할 수 있도록 이런 행동을 받아줄 필요가 있습니다.

살아가면서 속상한 일을 마주하지 않을 수는 없습니다. 우리는 원하는 바를 곧바로 현실에서 이뤄지도록 할 수 있는 조물주가 아니니까요. 그리고 성장하면서 우리가 좌절하여 슬퍼할 일은 점점 더 많아집니다. 불안과 부정적인 생각에 휩싸여 의기소침해질 때는 또 얼마나 많은가요. 그럴 때 기분을 전환하고 다시금 우리 안에 있는 생명력과 긍정적 자원을 자각하며 용기를 내야 하는데 이때 각박하고 착잡한 현실과 책무에서 잠시 떠나 놀이와 환상, 상상에 머무르며 현실 과제를 원활히 수행할 에너지와 영감이 다시금 차오르도록 하는 것이 중간영역/현상이며 중간대상입니다.

스스로를 어떻게 돌볼 수 있을까

우리 아이는 어떤 방식으로 스스로를 돌보고 위안을 주던가요? 엄마에게 야단맞았을 때, 아빠에게 제지당했을 때 아이는 무엇을 하며 자기 기분을 달래던가요? 장난감을 가지고 놀 수도 있고 노래를 하기도 하고 책을 볼 수도 있겠죠. 퍼즐을 맞추거나 그림을 그릴 수도 있겠고 농구를 하며 땀을 흠뻑 흘릴 수도 있습니다. 자녀가 아직 그런 방법을 모른 채 부모가 자신의 부정적인 감정을 풀어주기만을 바란다면 아이를 꾸짖거나 실망하지 말고, 아이 혼자서도 손쉽게 기분을 풀 수 있는 방법을 같이 찾아주세요.

일단 아이가 좋아하며 몰입할 수 있는 일이나 놀이가 있다면 그것이 중간현상이 될 가능성이 높습니다. 유튜브 보기처럼 수동적으로 구경하는 것보다는 아이가 해당 활동에 적극적으로 참여할 수 있는 것이 좋습니다. 그리고 이런 활동에 몰입하는 아이를 계속 격려해주세요. 아이가 몰입할 수 있는 조용한 공간을 확보해주고 그 시간을 방해하지 않는 거죠. 또한 자기위로에 익숙한 아이건 그렇지 않은 아이건 계속해서 자기만의 방법과 전략을 확장시켜나가도록 응원해주세요.

이를 위한 가장 좋은 방법은 바로 옆에서 부모가 시범을 보여주는 것입니다. 이를 모델링Modeling이라고 합니다. 그런 의미에서 부모에게도 놀이가 필요합니다. 취미라고 해도 좋겠죠. 일상의 해야 할 일을 잠시 내려놓고 쉬고 노는 것, 생산하지 않아도 되고 실리와도 무관해 보이는 어떤 활동 말입니다. 대신 그것이 즐거움을 주어야 하는 것이겠죠.

악기를 연주하고, 바둑을 두고, 그림을 그리고, 노래를 듣습니다. 이렇게 생업과 다소 거리가 있는, 그저 자기가 좋아하는 활동을 하다 보면 일상에서의 크고 작은 불편한 감정은 날아가고 당면한 문제에 대한 새로운 시각도 생기고 용기가 충전될 수 있습니다. 그러니 아이 아빠가 컴퓨터 앞에 앉아 생전 사용하지도 못할 총 삼매경에 빠진다고 해도 너무 구박하지 마세요. 아이 엄마가 만화책에 흠뻑 빠져 키득대고 있대도 너무 뭐라고 하지 마세요. 자신에게 필요한 것들을 채우기 위해 자기만의 방식으로 검은 새를 타고 있는 것이니까요.

이렇게 검은 새를 타는 것은 자기를 위로할 뿐만 아니라 자기의 세계를 확장시켜줍니다. 책에서는 주인공 내가 하늘을 나는, 현실에서는 이루기 어려운 경험을 하는 것으로 표현되었는데 단순하게는 상상 속에서 현실의 문제를 다 해결하고 소망을 충족한다고 볼 수도 있겠죠. 그것만으로도 다소간 감정적으로 상쾌한 마음이 들 수 있습니다. 그런데 조금 더 나아가 지금까지와는 다른 시간을 경험하기 때문에 거기서 자기의 한계를 넘어서고, 새로운 가능성을 발견하고, 그로 인한 통찰을 얻을 수도 있습니다.

결국에는 내가 성장하고 확장되는 것입니다. 그리고 이러한 경험은 나 아닌 다른 이에게 설명하기 참으로 난해하고 또 아까운 것이라 비밀로 남겨두어야 할지도 모릅니다. 그러니 어쩌면 현실의 문제를 해결하기 위해서는 현실에만 머무는 것이 아니라 놀이와 환상의 차원이 함께 가야 합니다.

너 때문이 아니란다
이혼 가정 받아들이기

> 어떤 이야기일까?

따로 따로 행복하게
배빗 콜 글, 그림 | 고정아 옮김 | 보림

드미트리어스와 폴라의 엄마, 아빠는 하나부터 열까지 맞는 게 하나도 없습니다. 놀러가고 싶은 곳, 키우고 싶은 개, 좋아하는 예술품, 어느 하나도요. 맞지 않는 정도가 아니라 서로 미워하고 못살게 굴기까지 한답니다. 폴라와 드미트리어스는 엄마, 아빠 사이가 좋지 않은 게 혹시 자기들 때문이 아닌지 걱정되었고, 학교 친구들 중에 자기들과 같은 고민을 하는 아이들이 있는지 알아봤어요. 구름떼같이 모인 아이들과 얘기하며 내린 결론은 엄

> 마, 아빠가 자기들 때문에 싸우는 게 아니라는 것이고, 목사님을 찾아가 엄마, 아빠의 '끝혼식' 주례를 부탁합니다. 끝혼식 후 엄마, 아빠는 따로따로 여행을 떠납니다. 그 사이 둘은 끝혼 선물로 지금까지 살던 집을 밀어버리고 엄마 집, 아빠 집, 이렇게 집 두 채를 짓습니다. 이제 엄마, 아빠는 따로따로 오래도록 행복하게 살아갈 것입니다.

부모의 갈등이 내 탓은 아닐까

배빗 콜은 심각한 주제를 편안하고 재밌게 풀어내는 재주가 있는 작가입니다. 『엄마가 알을 낳았대!』를 통해 아기가 생기는 과정을 엉뚱하면서도 천연덕스럽게 풀어내어 껄끄러울 수도 있는 임신과 성에 대해 자연스럽게 얘기할 수 있게 해주더니, 이제는 엄마, 아빠의 다툼과 헤어짐을 따뜻하게 그려냅니다. 한때는 정말 사랑해서 죽음이 서로를 갈라놓을 때까지 함께하리라 약속했던 부부가 서로의 다름에 지쳐가고, 서로에게 헌신하고자 결심했던 순간을 비웃고 상대에 대한 미움으로 일그러져 가는 것은 얼마나 안타깝고 아픈 일입니까.

이렇게 관계가 허물어져 가는 것은 서서히 진행되고 점점 심해지는 것이라 그 둘 사이에 있는 아이들은 참으로 난처하고 슬퍼지죠. 그런데 이런 주제도 배빗 콜이 다루면 막다른 길에서 새로운 통로를 찾아내듯 긍정적인 가능성을 발견하게 됩니다. 진지하지만 그렇다고 대놓고 심각하거나 비극적이지만은 않은, 어쩌면 나쁘지 않은 결말을 얻을지도 모른다는 그런 느낌이 드는 거죠. 그래서 이 책 『따로 따로 행복하게』는 부모의 이혼을 경험한, 혹은 경험하게 될 아이들과 이 주제에 대해 얘기하기 좋은 재료가 됩니다.

우리 사회에 이혼은 이제 더 이상 드문 일이 아닙니다. 이혼 전 결혼을 유지하는 시간도 점점 짧아지고 있고요. 물론 이혼이 흔해진다고 그 과정이 수월하다거나 아픔이나 상실감이 없는 건 아닙니다. 그래도 서로를 미워하고 괴롭히며 힘들게 사는 것보다는 각자의 삶의 방식대로 따로 사는 것이 훨씬 더 행복해지는 길일 수 있습니다. 그리고 어른들의 세계에서는 이렇게 각자 따로따로 살아가는 결정이 충분히 합리적인 해결책이 될 수 있다는 걸 손쉽게 받아들일 수 있습니다.

문제는 이 결정을 자녀들에게 설명하고 납득시키는 과정이 그리 쉽지 않다는 것이죠. 아이들은 부모 사이의 긴장을 말로 조리 있게 설명하지 못해도 예민하게 감지합니다. 그리고 부모의 긴장이 커지고 불화가 깊어지면 그 결과 아이들의 불안이 커집니다. 많이 싸우는 부모 밑에서 자라는 자녀들이 불안정해지는 것은 우선 부모의 불화가 자기들 때문인가 하는 마음이 들기 때문입니다.

아이들은 인지적으로 불완전합니다. 그래서 인과 관계를 명확히 따지지 못하고 상황에 기여하는 여러 요인들을 종합적으로 살피지 못합니다. 특히 유아기 때의 사고는 원인-결과를 찾을 때 그저 시간적으로 앞선 것이 어떤 일의 원인이라고 생각하기 쉽습니다. 가령, 엄마가 시킨 심부름을 하지 않았는데 조금 있다 엄마가 아프면 아이는 자기가 심부름을 하지 않아서 엄마가 아픈 것이라고 여길 수 있습니다. 이런 기제로 아이들은 자기의 크고 작은 잘못으로 인해 엄마, 아빠가 서로를 퉁명스럽게 대하고 화를 내는 것이라고 생각할 수 있습니다.

실제로 부부가 서로에게 불만이 많고 그로 인해 심리적 불편감이 커지면 그 불만을 상대방에게 쏟아내기도 하지만 상대적으로 어리고 약한 자녀에게 짜증을 내고 퉁명스럽게 대할 수 있습니다. 이렇게 되면 아이들은 자기 때문에 부모가 화가 났다고 더 믿게 되는 것이죠.

균형 있고 열린 과정으로 불안 없애주기

부모의 불화로 인해 아이들이 불안정해지는 또 다른 이유는 자기들이 부모에게 버려질지도 모른다는 두려움 때문입니다. 부모의 사이가 안 좋아지면 가급적 안 마주치려 하고 말도 꼭 필요한 소통이 아니면 나누지 않죠. 아이들이 마음에 맞지 않는 친구와 놀지 않는 것과 마찬가지입니다. 부모가 서로 가까이 지내지 않고 서로를 심리적으로 버리듯 언젠가 자기들도 버리는 일이 일어나지 않을까 하는 두려움을 갖게 되는 것입니다. 누군가에게 버려지고 사랑받지 못하게 되는 두려움이 인간이 가진 굉장히 원초적인 두려움인데 이 두려움을 부모가, 서로 싸우는 부모가 자극하는 것이죠.

그러면 어떻게 해야 할까요? 먼저, 부모의 말다툼, 의견 대립에 대해서 자녀들에게 설명해줄 필요가 있습니다. 시시콜콜한 것까지는 말할 필요가 없지만 큰 틀에서 어떤 일이 일어나고 있는지 알려주어야 한다는 의미입니다. 그리고 이때 부모 사이에 일어나는 의견 대립의 원인이 절대 아이들 때문이 아니라는 것을 강조해주어야 합니다. 그리고 엄마, 아빠가 서로 불화하고 있지만 그래도 아이들을 사랑하고 돌보는 것에는 소홀함이 없을 것이며, 아이들을 계속 지키고 소중히 대할 것이라는 점을 분명히 해야 합니다. 이것이 말만으로 끝나는 게 아니라 행동으로, 태도로 아이들에게 전달되어야 합니다. 귀찮고 속상하더라도 아이들의 요구를 귀담아 듣고 친절하게 아이들을 대해주세요. 놀이, 책읽기, 운동 등 아이가 좋아하는 것을 같이 하면서 시간을 보내주세요. 그렇다면 아이들은 안심하게 될 것입니다.

또 상대방에 대해 밉고 야속한 감정이 들더라도 아이들 앞에서 상대 배우자를 깎아내리고 치부를 드러내는 것은 절대 금물입니다. 나와는 이제 남이 될 배우자이지만 아이들에게는 여전히 엄마이고 아빠입니다. 사람에게 부모는 심리적 근간을 이루는 토대요, 뿌리입니다. 내 감정으로 상대 배우자를 몹쓸 사람 만드는 것은 내 아이들의 뿌리를 흔들어 병들게 만들 수 있습니다. 뿌리가 성하지 못하면 튼튼하게 자랄 수 없는데 그러면 인생에서 바람과 비를 만날 때 진짜 그 시간을 힘겹게 지나야 할지 모릅니다.

더 큰 문제는 아이들이 자기를 바라보는 시각이 부정적, 혐오적이 될 수 있다는 것입니다. 엄마가 그렇게도 미워하는 아빠가, 아빠가 그렇게나 괴롭히는 엄마가 결국 아이를 이루는 토대 중 하나이기 때문에, 아이 입장에서는 자기를 구성하는 한 부분이 불완전하게 느껴집니다. 그 연장선에서 자기를 사랑하기 어려워질 수도 있다는 얘기입니다. 그러니 배우자가 미워도 아이를 위해서 감정적으로 헐뜯거나 상처를 주지 마세요. 이런 수칙은 이별 국면에 있는 부부만이 아니라 자주 싸우거나 상대 배우자에게 불만이 많은 부부들도 지켜야 하는 것들입니다.

또한 자신의 정당성을 인정받고 상대 배우자보다 가족 내에서 더 큰 힘을 갖기 위해 아이들을 자기 편으로 만들고자 은근히 포섭하는 일도 절대 삼가야 합니다. 부부의 불화에 자녀를 개입시키지 말아야 한다는 것입니다.

특히 엄마, 아빠의 말 중 누구의 말이 옳은지 아이에게 판정을 내리도록 하는 것은 굉장히 해롭습니다. 배우자와의 대결에서 열세에 몰린다고 판단될 때 아이와 편을 먹고 상대편을 같이 공격하는 것 역시 마찬가지입니다. 시간이 흐른 뒤에 아이들은 자신이 아빠 혹은 엄마를 비난하고 공격했던 것에 죄책감을 느낄 수 있습니다. 그렇지 않다면 계속해서 원망과 미움의 탑을 쌓아나갈 수 있습니다. 누군가를 마음 깊이 미워하는 일은 고통스러운 일입니다. 하물며 그 대상이 자신의 부모 중 하나라면 그 무게가 어떻겠습니까? 아이가 엄마나 아빠 편을 들어주길 바라지 말고, 중립적인 태도를 보이는 아이에게 서운해하지 마세요. 오히려 의젓하고 대견하게 생각해주세요. 어른들의 문제는 어른들끼리 해결해야 합니다.

이혼 이후에 배려해야 할 상황들

결국 부부가 이혼을 하게 되고 아이들이 그에 따른 변화에 적응해야 되는 상황도 있습니다. 이혼을 하게 되면 아주 많은 것이 달라집니다. 어른들도 바라던 상황이었지만 막상 이혼을 하게 되면 심적으로 커다란 상실감을 느끼고, 실질적으로 관계도 단절되고 지지체계도 협소해지는 것을 경험하게 됩니다. 경제적인 변화도 있겠고요. 경우에 따라서는 지금까지 살던 지역에서 이사를 해야 하기도 합니다. 그에 따라 아이들도 다니던 어린이집, 유치원을 옮겨야 하고, 전학을 가야 될 수도 있습니다.

특별한 경우가 아니라면 아이들은 상대 배우자와 정기적으로 만나게 되겠죠. 성인도 이런 변화는 감내하기 버거운데,

아이들에겐 훨씬 더 큰 부담과 스트레스가 됩니다. 이런 스트레스에 대한 반응으로 아이들은 짜증이 부쩍 많아질 수도 있고, 사소한 일에도 걸핏하면 울거나 밤에 소변 실수를 하는 등 퇴행을 할 수도 있습니다. 잠을 잘 못 들거나 자주 깨는 등의 수면 문제를 보일 수도 있습니다. 말수가 부쩍 줄어들기도 합니다. 부모의 입장에서는 본인의 마음을 추스르는 한편 부부가 나눠 하던 집안일이나 아이들 돌보는 일을 혼자 하게 되어 심신에 과부하가 걸립니다. 거기다가 예민해진 아이들이 쉽게 넘어가지 않고 사사건건 칭얼대고 요구가 많아지면 부모의 인내심은 바닥이 나고 감정적으로 폭발할 수도 있습니다.

이런 위기의 순간을 부드럽게 잘 넘어가려면 부모 스스로 자신의 감정을 인식하고 조절할 수 있어야 합니다. 자신의 불편한 감정에 이름표를 붙일 수 있어야 하고, 이런 감정이 무엇에 의해서 촉발되었는지 깨달아 엉뚱한 데 화풀이하지 않을 수 있어야 합니다. 거친 감정이 자신을 압도하여 나중에 정신 차려보았을 때 후회할 만한 행동을 하지 않도록 숨 고르기를 할 수 있어야 하죠.

모욕당했다고 생각될 때에 냅다 소리 지르는 게 능사가 아니라는 것을 알고 차분하게 자신의 기분을 말로 표현할 수 있어야 합니다. 그리고 실전에서 잘 사용할 수 있으려면 평소에 이런 연습을 많이 해두어야 합니다.

무엇보다도 아이의 입장에서 상황을 바라보고, 아이가 느끼고 있을 심리적 고통과 혼란을 감안해서 아이들을 너그럽게 대해주세요. 그 시작은 아마도 혼란스러울 수도 있을 부모의 이별, 불화의 상황 속에서 아이들은 어떤 생각을 하고 어떤 기분이 드는지에 대해서 얘기할 수 있는 기회를 주는 것이 아닐까 합니다. 이렇게 먼저 물어봐주는 거죠.

"○○이는 엄마랑 아빠가 같이 살지 않게 된 것에 대해서 어떻게 생각해?"

"이제 아빠하고 같이 살고, 엄마는 시간을 정해서 만나러 가야 되는데 네 생각은 어때?"

이렇게 말하기 껄끄럽고 어려운 주제라도 자신들과 소통하려고 애쓰는 부모를 경험할 때 아이들은 안정감을 느낍니다. 더 이상 자신이 모르는 어떤 일에 의해 자기가 휘둘릴까 봐 불안해하지 않을 수 있는 것입니다. 불쾌하거나 염려할 일이 생기지 않을 거라는 게 아니라 그렇더라도 부모가 그것에 대해서 자신 몰래 처리하지 않고 자신에게 설명해주고 이해를 할 수 있도록 애써줄 것이기 때문에 무서운 시간을 혼자 보내지 않아도 된다는 안심을 하게 되는 것이죠. 이런 시간을 거친 아이들은 어른에 대해 현실적인 신뢰를 갖게 되고 갈등이 생겼을 때 그것을 인정하고 적절히 다루는 법을 찾고자 노력하는 어른으로 자라게 될 것입니다.

아이들이 이해하기 어렵고 심각한 주제라고 피하지 말고 아이들이 소화할 수 있는 수준으로 쪼개서 이해할 수 있는 정도로 아이와 소통해주세요. 그게 부모의 불화나 이혼이든, 죽음이든, 이별이든, 실직이든요. 부모의 배려로 아이들의 눈높이에 맞게 편집되어 나누는 대화는 아이들에게 날카로운 상처가 아닌 삶의 굵직한 주제를 배우는 장이 될 것입니다. 처음엔 다소 낯설고 어색하더라도 반복해서 이야기를 나누다 보면 아이들과도 꽤 많은 주제에 대해 이야기 나눌 수 있다는 것, 이 시간을 통해 서로의 마음과 마음이 통한다는 것을 알게 되는 귀한 경험을 할 수 있습니다.

이제는 알 것 같아요
나의 부모 바라보기

어떤 이야기일까?

강철 이빨

클로드 부종 글, 그림 | 이경혜 옮김 | 비룡소

르나르도는 할아버지와의 체스가 끝나자마자 왜 할아버지에겐 이빨이 하나밖에 남지 않았는지 질문합니다. 그러자 할아버지는 빛나던 자신의 '강철 이빨' 시절에 대해서 얘기해줍니다. 셀 수 없이 많은 하얗고 뾰족한 이빨 때문에 다들 할아버지를 마주칠까 봐 겁내던 시절 말이죠. 그러던 할아버지 이빨이 처음 빠졌던 것은 연못에 떠 있던 오리를 향해 달려들었던 때죠. 그때 이빨 하나가 나무오리한테 박혔고 그 다음은 쇠붙이 괴물을 만나서 한

> 대 얻어맞고 쓰러졌을 때인데 그 이후 할아버지의 이빨이 아주 약해졌어요. 이후 열린 '최강 이빨 모임'에서 뼈다귀를 깨물고 씹어대면서 이빨들이 또 빠져나갔죠. 할머니를 만나고 르나르도의 아빠가 태어나면서부터는 남은 이빨을 아주 소중히 했어요. 그러면서도 짐승을 잡느라 가리지 않고 이빨을 썼죠. 르나르도의 아빠도 자라나 결혼을 했고 르나르도가 태어나자 할아버지한테는 흰털이 나기 시작하고 바나나를 먹을 때 이빨이 하나 빠지면서 할아버지에게 남은 이빨은 한 개가 되었답니다. 이런 이야기를 해준 뒤 할아버지가 르나르도에게 사냥을 가르쳐주려고 나가려는데 문지방에 걸려 넘어지면서 하나 남은 이빨이 튕겨져 나갑니다. 르나르도는 잽싸게 튀어나가 그 이빨을 잡아 자기를 지켜주는 이빨로 삼습니다.

부모의, 또 그 부모의 역사에 대해

이 책의 시작은 참 따뜻합니다. 할아버지와 손자가 체스를 두거든요. 몇 판이었을지 모르지만 체스를 끝내고 손자는 할아버지에게 질문을 합니다. 왜 이빨이 하나밖에 없냐는 겁니다. 우리야 할아버지에게도 이빨이 아주 많았던 시절이 있었다는 걸 알지만 르나르도가 이것을 알까요? 멀리 할아버지한테까지 갈 것도 없습니다. 아이들의 부모인 우리에게도 예전 같지 않아 세월을 느낄 만한 상황이 이젠 드물지 않으니까요.

『강철 이빨』은 시간의 흐름과 인생에 대해 생각해볼 수 있는 책입니다. 르나르도의 할아버지에게도 젊은 시절이 있었죠. 자신의 튼튼한 이빨을 자랑삼아 무엇이든 할 수 있을 것 같았던 시절 말이죠. 무서울 것도 없고 안 될 것도 없을 것 같던 기개 넘치던 시절입니다.

그러다가 할아버지는 혼쭐이 한번 크게 납니다. 사냥꾼들이 미끼용으로 연못에 놔둔 나무 천둥오리를 진짜 오리인 줄 알고 있는 힘껏 공격하다가 나동그라진 일입니다. 덕분에 이빨이 최초로 빠지게 되었죠. 우리에게도 그런 일이 있지 않았던가요? 크고 작은 어려움을 겪어보지 않은 것은 아니지만 그래도 나라면 인생을 꽤 잘 꾸려나갈 수 있고, 좌절이나 실패는 나를 피해 갈 것같이 생활하다가 호된 시련을 맛봤던 때 말예요.

그러나 이것보다 더 큰 시련이 찾아옵니다. 르나르도에게 회상해줄 때에도 이해하기 어려운 쇠붙이 괴물의 공격인데요, 이 공격 때문에 할아버지의 이빨은 큰 타격을 입습니다. 이전

나무오리를 공격해서 입었던 내상과는 비교가 안 되는 큰 충격과 재난이었죠. 이 시기를 거치고 할아버지는 결혼을 하고 아이를 낳고 키우며 이빨을 사용합니다. 예전에 비해 이빨이 약해졌지만 쉬지 않고 이빨을 사용하는 할아버지. 이제는 책임질 가족이 있기 때문입니다.

이 책은 손자의 질문으로 시작해서 할아버지의 젊은 시절이 주로 그려지지만 따지고 보면 3대를 다루고 있습니다. 젊은 엄마, 아빠는 이 책을 통해 자신의 부모를 생각해볼 수 있고, 동시에 부부의 젊었던 시절에 대해서도 떠올려볼 수 있습니다. 엄마, 아빠가 어렸을 때 부모(아이에겐 조부모가 되겠죠)와 함께 여행을 갔거나 맛있는 것을 먹는 등 즐거웠던 상황을 떠올릴 수도 있고, 혼났거나 서글펐던 혹은 억울했던 사건을 기억해낼 수도 있습니다. 그런 상황을 아이에게 들려주면서 아이의 유사한 경험을 들어볼 수도 있겠죠.

오랜 세월 지나도, 애착의 흔적들

혹시 자신의 어린 시절이나 부모님, 그러니까 아이의

조부모님에 대해 해결되지 않은 감정을 갖고 있나요? 요즘엔 자녀교육 콘텐츠나 서적 내용 중에 애착 주제를 다루는 것들이 꽤 많아서 어린 시절 자신의 부모와 맺은 관계 패턴이 자녀와 상호작용을 하고 다른 사람들과 관계를 형성해나가는 데 중요한 영향을 미친다는 개념에 대해서 꽤 익숙하리라 생각됩니다. 안정애착, 회피애착, 저항애착, 나중에 재분류되어 포함된 혼란유형과 같은 애착 유형도 상당히 많이 알려져 있습니다.

저도 대학과 대학원 정규 과정은 물론이거니와 각종 특강에서 이런 내용을 전달하곤 합니다. 지금의 나와 내가 맺는 대인관계를 이해하는 데 꼭 필요한 전제와 같은 것이니까요. 그런데 제가 애착 강의를 할 때 아쉽다고 생각되는 부분이 있습니다. 애착이 대물림된다는 것이 많이 알려진 데 반해 불안정애착을 바꿔나갈 수 있다는 것에 대해서는 덜 알려져 있다는 점입니다. 사실 우리 중 불안정애착 유형을 갖고 있다면 누가 그런 유형을 굳이 선택했겠습니까. 회피든 저항이든 불안정애착 유형을 가진 나는 어쩌면 피해자인 것이죠.

여기서 잠깐 애착과 관련된 학자들을 소개하겠습니다. 이론적으로 애착에 대해 언급한 학자 중 가장 유명한 사람은 영국의 정신과 의사인 존 보울비John Bowlby입니다. 전쟁으로 인한 부모와의 이별과 같이 생애 초기에 부모(주양육자)와의 비극적인 분리를 경험한 아이들이 어떻게 성장하는지를 연구한 사람입니다. 보울비는 굉장히 극단적인 사례들을 통해 자신의 이론적 틀을 세워나갔고, 이것을 경험적인 연구를 통해 일반 아이들에게 적용할 수 있도록 확장시킨 사람은 메리 에인스워스Mary Ainthworth입니다. 에인스워스를 통해 낯선 상황 실험이 실시되고 결과에 따라 참여한 영아들의 애착 유형이 분류되었죠. 이로 인해 애착 연구는 폭발적으로 성장했습니다.

애착 유형은 바뀔 수 있다

장래가 촉망되는 젊은 학자들이 에인스워스에게 몰려들었는데 그중 한 명이 메리 메인Mary Main이라는 또 다른 빼어난 학자입니다. 메인은 스승의 연구를 발전시켜서 애착 연구에 있어서 두 번째 혁명이라 불릴 만한 실험을 고안해냅니다. 에인스워스와 동일하게 생후 12개월 영아들을 데리고 낯선 상황 실험을 한 후 5년의 시간이 흐른 뒤, 첫 번째 실험에 참여한 영아들이 6세가 되었을 때 그 가족을 다시 실험실로 부른 거예요. 실험실에 도착하면 온 가족이 폴라로이드로 가족사진을 찍습니다. 그 뒤 아이는 아이대로 여러 실험을 하고 부모는 부모대로 자신의 부모, 그러니까 아이의 조부모에 대한 면담에 참여하게 돼죠.

먼저 아이는 부모와 헤어지게 될 아이의 상황이 담긴 영상을 보고나서 영상 속 아이의 심정을 예상해보고, 가족화를 그리고 난 후 면담이 끝난 엄마 혹은 아빠와 각각 모래놀이를 하게 됩니다. 이로써 6살 때 아이가 애착에 대해 갖고 있는 정신적 표상, 부모-자녀 관계에 대해 형성한 틀을 분석할 자료가 만들어진 것이죠.

부모들은 학자들이 성인애착면담Adult Attachment Interview; AAI이라고 부르는 인터뷰에 참여하는데, 각자 자신의 부모를 잘 설명할 수 있는 형용사 5개를 선택하고, 그 형용사에 어울릴 만한 에피소드를 떠올려 얘기합니다. 선택한 형용사와 관련 에피소드 간 일관성, 자신의 애착 역사에 대한 태도 등의 분석을 통해 아동의 부모가 자신의 부모와 맺었을 법한 애착의 질을 유추합니다.

메리 메인이 진행한 실험의 주요 결과는 두 가지로 요약해볼 수 있습니다. 하나는 12개월 때 낯선 상황에서 보여준 애착 유형은 6살이 되었을 때 아동이 애착에 대해 갖고 있는 정신적 표상과 굉장히 유사했다는 것입니다. 즉, 12개월 때 회피애착을 보인 영아는 6살이 되었을 때 양육자와의 분리를 맞닥뜨린 유아의 심리에 대해 무덤덤하고 아무렇지도 않은 듯 거의 신경 쓰지 않는 듯한 상태(회피)를 예상했다는 것이죠. 두 번째는 현재 부모와 아동이 맺은 애착의 질과 부모가 자신의 부모(아이의 조부모)와 맺은 애착의 질이 굉장히 유사한 패턴을 보였다는 것입니다. 한쪽을 알면 다른 한쪽을 알아맞힐 수 있을 정도로요. 여기까지의 이야기는 애착의 대물림에 대한 얘기가 될 것입니다.

그런데 여기에 반전이 있습니다. 어린 시절의 얘기를 들어보면 분명 학대나 방임 등의 이력이 있어서 자신의 부모와 불안정애착을 맺고 있던 이들이 있습니다. 그렇다면 이들은 자신의 아이들과도 불안정애착을 맺어야겠죠. 그런데 그렇지 않은 일단의 부모들이 발견된 것입니다. 그게 한두 사례는 아니었고 드물지만 그래도 한 부류로 묶일 수는 있었기에 연구팀에서는 그들의 공통점을 찾기 시작했어요. 그랬더니 그들은 자신을 학대하고 방임했던 부모에 대해 '이해'를 했다는 특징이 있음을 알게 되었습니다. 그러니까 "엄마도 너무 어린 나이에 시집 와서 시부모님을 모시고 애를 키우는 게 쉽지 않았을 거예요. 경제적으로도 어려웠고요", "지금 생각해보면 아빠는 우울증이 심했던 거 같아요. 가장으로서 책임을 다하기 위해 바깥 일을 하는 것만으로도 에너지를 다 소진했던 게 아닌가 싶고, 자기가 너무 우울하니까 그런 기운이 우리한테도 옮겨질까 봐 알게 모르게 우리를 피한 것 같기도 해요"와 같이 자신을 대했던 부모의 행동을 이해하려 애썼다는 것이죠. 그래서 이들은 자기 부모와의 애착은 성공적이지 못했지만 자기의 아이들과는 안정애착을 맺을 수 있었던 것입니다.

이런 애착은 타고나서 자연스럽게 양육자에 의해 형성된 안정애착이 아니라 애쓰고 힘들여 얻어낸 안정애착이라고 해서 획득안정애착 Earned Secure Attachment이라고 부릅니다. 그리고 획득안정애착의 사람 옆에는 이 사람을 믿어주고 늘 한결같은 모습으로 곁에 있어준 배우자, 친구, 교사, 상담자가 있었다는 공통점도 발견되었습니다. 제가 애착 이야기에서 가장 강조하고 싶은 개념이 바로 이 획득안정애착입니다. 우리는 부모를 선택할 수 없고, 부모와의 관계도 어쩔 수 없는 부분이 많죠. 그렇지만 내가 부모와 관계 맺은 방식 그대로 내 아이와 관계를 맺어야 하는 건 아니며, 변화를 만들어낼 수 있습니다. 물론 그게 결코 쉽지는 않습니다.

이제는 이해할 수 있다는 마음으로

이번 만남은 괜찮을까 기대 반, 염려 반 마음으로 부모님을 만났다가 또 좌절하고 실망하지는 않았나요? 백번 양보하여, 불공평하고 나에게 인색한 부모님을 이해하려고 하지만 그때마다 찬물을 끼얹는 부모님 때문에 여전히 아프진 않나요? 무정하고 때론 무책임했던 부모로 인해 얼마나 힘들었는지에 대해 호소하고 알리는 시간이 필요한데, 이런 시도가 효과가 있어서 부모로부터 진정어린 사과를 들었다면 정말 다행이겠으나 미안하다는 말을 들었어도 가슴에 부는 바람이 잠잠해지지 않거나, 혹은 아예 말을 꺼낸 것이 후회될 만큼 '부모가 그 정도 말도 못 하나', '우리 시대 부모는 다 그랬다'는 식의 말을 들었을 수도 있겠죠.

그랬다면 부모님의 이야기를 나와의 관계를 투영하지 않은 채 한 사람의 역사로 보는 시간을 가져보라고, 그렇게 에너지를 써보라고 제안해봅니다. 옆집 아줌마나 친구의 부모님을 대하듯 거리감을 가지고 우리 부모님의 인생을 한번 조망해보는 겁니다. 나와는 상관없는 사람의 이야기인 듯 거리를 두고 무심하게 구성해보면 부모님의 굴곡진 인생과 도무지 이해 안 되는 습성들에 대해서도 약간은 너그러운 마음이 생길 수 있습니다. 부모님이 당신들의 상황에서는 나름대로 안간힘을 쓴 것이었다고 이해할 수 있다면 지금보다 조금은 관계가 덜 삐거덕거릴 수 있겠죠. 무엇보다 나를 위한 이해가 될 수 있습니다. 그리고 우리가 이렇게 부모를 이해한 것처럼 우리 역시, 자녀를 위해 애썼으나 그 애씀으로 인해 자녀에게 입혔을지도 모를 크고 작은 상처에 대해 돌아볼 수 있습니다.

사랑해, 사랑해, 사랑해
이별과 애도에 대해

어떤 이야기일까?

사랑한다고 말하고 싶었는데

장프랑수아 세네샬 글, 오카다 치아키 그림 | 박재연 옮김 | 위즈덤하우스

어린 여우 나는 아침에 할머니에게 편지를 쓰려고 했어요. 하고 싶은 말이 있었는데 뭐라고 써야 할지 생각이 나지 않았어요, 얼마 전 할머니 집에 갔을 때처럼요. 너무 작고 연약해 보이는 할머니는 우리 할머니 같지 않았어요. 그래도 따스한 할머니 냄새, 밀짚모자, 지팡이, 예쁜 깃털과 할머니의 보물들은 여전했죠. 그리고 할머니와의 추억이 몰려왔어요. 할머니 집에 다녀온 엄마가 할머니는 다시 올 수 없는 곳으로 멀리 떠났다고 말해주었는데

> 엄마 말을 믿을 수 없었어요. 할머니를 찾아 둘만 아는 비밀장소에도 가보았지만 할머니는 없었어요. 갑자기 거센 비바람이 불어닥치고 천둥이 숲을 뒤흔들고 떡갈나무에 벼락이 떨어졌어요. 비가 그친 뒤 강가로 가서 흐르는 강물을 바라보았어요. 흘러가는 강물도, 흘러가는 시간도 붙잡을 수는 없어요. 떡갈나무에 난 상처가 조금씩 아물어서 잎사귀가 돋아나고 해님도 돌아오고 새들도 노래합니다. 오늘 아침 할머니에게 편지를 씁니다. 할머니가 읽을 수 없다는 것을 알지만 그래도 쓰고 싶었습니다. 꼭 하고 싶은 말이 있었거든요. "할머니, 사랑해요."

이별을 맞이하는 자세

　우리가 살아가면서 겪게 되는 여러 이별들이 있죠. 그중에서도 죽음으로 인한 이별은 그 무게와 고통 면에서 다른 이별과 견주기 어렵습니다. 요즘에는 할머니, 할아버지들께서 손주들의 양육에도 많이 관여하고 있어서 이렇게 정들었던 조부모의 사망으로 인한 이별은 아이들에게 큰 충격을 주는 사건으로 다가갈 수 있습니다. 또 반려동물을 키우는 가정도 많아 아이들은 죽음과 이별이라는 주제를 더 자주 맞닥뜨릴 수 있습니다. 피할 수 없이 엄연히 우리 삶에 깊숙하게 들어와 있긴 하지만 그럼에도 아이들과 얘기하기 쉽지 않은 이별과 죽음에 대해 이 책을 통해 어떻게 도움받을 수 있을지 얘기해보도록 하겠습니다.

갑작스러운 사고로 누군가의 죽음을 접하기도 하지만 오랜 기간 혹은 짧게라도 병상에 계시다가 돌아가시는 일을 겪기도 합니다. 아이들 입장에서는 자기들을 돌봐주시고 놀아주시던 할아버지, 할머니가 편찮으셔서 누워 계신 모습에 의아하기도 하고 불안하기도 하겠죠. 뭔가 마음이 편치 않은데 그런 상황에서 무슨 말을 해야 할지 알기 어려울 것입니다. 우리 어른들도 비슷합니다.

이럴 때 편찮으신 당사자 앞에서야 길게 설명을 못하더라도 아이와 있을 때에는 이런 상황에 대해 대략적으로 설명하고, 아이의 심정을 읽어주면 도움이 됩니다. 아이가 무슨 생각을 하고 어떤 기분이 드는지에 대해 얘기할 수 있는 기회를 주고, 인간이라면 누구나 겪을 수밖에 없는 노화와 죽음에 대해서도 알려주면 좋습니다. 자연의 순리에 따라 부모도 늙고 언젠가는 죽겠지만 아직은 한참 남은 일이라는 것도 알려주어서 아이들이 불필요하게 부모의 죽음에 대해 걱정하지 않도록 해주는 것도 잊지 말아야 합니다.

"할머니(할아버지)가 누워 계신 거 보니 ○○이 마음이 어때?"

"사람들은 다 나이 들면서 늙어가는데 그러면 몸이 아프기도 하고 힘이 부족해져서 많이 누워 있게 돼. 할머니(할아버지)가 ○○이를 귀찮아하거나, ○○이가 싫어서 누워계신 건 아니야, 알겠지?"

"엄마, 아빠도 점점 나이가 들겠지만 아직은 젊어서 ○○이를 다 키울 때까지 괜찮을 거니까 염려하지 않아도 돼~."

이렇게 미리 얘기를 해두어야 고인의 부고를 들었을 때 이를 아이들에게 전달하는 게 조금은 덜 부담스러울 수 있습니다. 아이들과 이런 얘기를 하는 동안 부모 역시 사랑하는 이의 죽음을 맞닥뜨릴 준비가 되기도 하구요. 우리 중 누구라도 모태에서 난 인생이 코에 호흡이 끊어져 흙으로 돌아가는 것을 막을 수는 없습니다. 슬프지만 그 슬픔에 압도되지 않도록, 그래서 죽음이 불필요하게 우리와 우리 아이들을 불안으로 휩싸 건강한 생산과 성취를 방해하지 못하게 하기 위해서 우리는 죽음 앞에 의연할 수 있어야 합니다.

그러기 위해서는 충분한 애도가 필요한데요, 가장 손쉬우면서도 기본적인 단계는 슬픈 마음을 말로 얘기하고 눈물이 나오면 흐르도록 두는 것입니다. 엄마, 아빠도 슬프면 울 수 있고, 눈물이 오랫동안 흐를 수 있다는 것을 아이들이 알아도 괜찮습니다. 누군가 사랑하는 사람을 더 이상 안을 수 없고 목소리를 들을 수 없고 함께 소리 내어 웃을 수 없다는 것은 분명 슬픈 일입니다. 나를 향해 환히 웃어주며 지지해주던 그 눈빛을 생생히 볼 수 없다니 얼마나 기가 막힌 일입니까. 그러니 그 상황에서 눈물이 흐르는 것은 너무나 당연한 일입니다. 그러한 상실 앞에 우리가 눈물을 흘린다는 것은 고인이 우리에게 너무나 소중했다는 말이고, 우리의 교제가 가짜가 아니었다는 말이며, 우리의 마음과 마음이 진정으로 소통했었다는 말이지 않을까요? 그러니 우리가 비통해 마지 않는 게 우리가 정말로 사랑했다는 증거라는 것을 아이들이 이해할 수 있도록 도와주세요. 이 사실을 다시금 기억한다면 마음속 진하게 느껴졌던 이별의 고통이 오히려 위로가 될지도 모르겠습니다.

"○○아, 오늘 할아버지께서 돌아가셨대. 앞으로 할아버지를 눈으로 보고 만날 수는 없을 거야."

"아빠도 슬퍼. 많이 슬퍼."

"○○이 슬프면 울어도 돼. 안 참아도 돼."

"우리가 할머니(할아버지)를 정말로 사랑했기 때문에 이렇게 슬픈 거야."

애도하는 방법에 대해

책에서는 할머니와의 아름다운 추억을 소개하는 장면이 여러 장 나옵니다. 마치 빛바랜 사진처럼 아스라이 멀어지는 듯, 흐릿해지는 듯 그렇게 그려져 있습니다. 우리 마음속 추억이라는 것은 지금 당장 벌어지고 있는 일처럼 생생하지는 않지만 우리의 일상을 방해하지 않으면서도 우리가 마음속에서 떠올릴 때면 언제나 재현되어 우리에게 힘을 줄 수 있는 마음의 에너지 충전소와 같다는 것을 조용히 알려주는 것만 같습니다.

애도의 두 번째 단계는 이렇게 고인과의 추억을 떠올리

고 고인을 아는 사람과 이런 기억을 공유하는 과정입니다. 이렇게 고인과의 추억을 얘기하면 다시 슬픔이 올라오고 그러면 더 힘들어지지 않겠느냐고요? 네, 한동안은 그럴 수 있습니다. 그렇지만 슬픔이 파도처럼 왔다 갔다 하면서 고인을 잃은 날카로운 고통이 점점 둔탁해지고 슬픔은 견딜 만한 것이 됩니다. 그래야 고인이 물리적으로는 우리와 같이 있지 않지만 고인을 기억하고 추억하는 사람들의 마음속에서 늘 우리와 함께한다는 비밀을 알 수 있게 되는 것입니다.

"○○이는 할머니 하면 어떤 게 생각나?"
"○○이는 할아버지와 함께 했던 것 중 어떤 게 좋았어?"
"○○이가 졸업하는 거 할머니가 보셨으면 좋아하셨을 텐데. 뭐라고 하셨을까?"
"할아버지가 ***를 맛있게 드셨는데 할아버지 생각이 나네."

고인과의 추억을 얘기하기에 함께 찍은 사진은 아주 좋은 도구가 됩니다. 동영상이 있다면 더할 나위가 없겠죠. 동영상이건 사진이건 우리는 과거의 시간으로 돌아가 그 장면을 누릴 수 있습니다. 고인의 말과 웃음을 다시금 만나서 격려받고 위로받을 수 있습니다. 뿐만 아니라 고인의 물건, 고인께 받은 선물, 모두 고인과의 추억을 얘기할 수 있는 좋은 소재가 될 수 있습니다. 그러니 아이들과 이런 시간을 갖는 것에 대해 두려워하지 마세요.

책 속 어린 여우처럼 미처 전하지 못한 말이 있다면 그 말을 입 밖으로 내보거나 아니면 글로 써보는 것은 상담실에서도 흔히 사용되는 아주 좋은 애도 전략입니다. 여러 번 반복해서 편지를 쓰다 보면 마음이 정돈되고 가벼워집니다. 적당한 때가 되었을 때 믿을 만한 사람 앞에서 그동안 고인을 향해 썼던 글을 낭독하는 것은 더없이 좋은 치유 촉진제가 됩니다.

앞서 우리 마음엔 목격자가 필요하다는 말을 했습니다. 그래서 우는 것도 나를 공감해주는 사람 앞에서, 속마음을 적은 편지도 누군가 진심으로 나를 아끼는 사람 앞에서 읽을 때 치유력이 폭발한다고 전하고 싶습니다. 상담실에서의 제 역할 중 하나가 바로 이런 목격자가 되는 것이거든요.

제대로 된 형식이나 격식을 갖추지 못했다고 염려하지 않아도 됩니다. 장례식은 그래서 필요한 것이라고 생각하기 때문에 너무 절차에 얽매이지 말았으면, 그리고 너무 침울해하지만은 않았으면 하는 마음입니다. 제사나 추도 예배도 고인을 기억하고 고인의 생각과 정신을 살아 있는 자들의 삶 속에서 이어져 나가게 하기 위해 얼마나 유용한 장치인가라고 생각하기에 이런 의례에서 고인에 대한 기억들이 훨씬 더 활발히 나눠지길 기대해봅니다.

"우리가 이렇게 할머니를 기억하는 한 할머니는 우리 마음속에서 언제나 살아계시는 거야."
"할아버지가 ○○이를 아껴주시고 사랑해준 것처럼 ○○이가 다른 사람을 도와주면 할아버지의 마음이 계속 우리를 연결시키고 멀리 퍼져나가는 거래."

우리 삶은 다시 연결되고 시작된다는 것을

다시 책 이야기로 돌아오겠습니다. 숲속에서 갑자기 천둥이 치고 떡갈나무가 벼락을 맞아 어린 여우가 깜짝 놀라는 장면이 나옵니다. 비가 그친 뒤 어린 여우는 강가로 가 흐르는 강물을 바라봅니다. 석양에 노을 진 강물 위로 무심히 떠 있는 오리 장면은 평화로운 듯, 쓸쓸한 듯 아름답습니다. 이 책에서 가장 인상적인 장면을 고르라면 저는 아무 글도 적혀 있지 않은 이 장면을 고르고 싶습니다. 이렇게 시간은 흐르고 그 시간의 흐름에 따라 떡갈나무의 상처도 조금씩 아물어갑니다. 잎사귀도 새로 돋아나고 햇님이 비치고 새들도 상처 입은 나무에 깃들어 노래합니다.

이렇게 우리의 인생은 또 흘러갑니다. 고통의 정점에서는 그 처절함이 가시지 않고 영원히 지속될 듯하지만 모든 것은 변합니다. 우리의 기분도 변하고 생각도 바뀌고 세상과 다른 사람을 바라보는 시선도 바뀝니다. 그리고 이렇게 열린 마음으로 변화를 받아들이고 인정하다 보면 어느새 우리는 성장해 있습니다.

죽음과 이별은 분명 우리 역시 죽음으로까지 몰아갈 만한 외상, 트라우마Trauma임에는 틀림없지만 우리의 인생이 무한한 것이 아니라 극히 제한적이라는 것을 다시금 통감함으로써 우리 각자의 인생이 부여받은 소임이 무엇일지 진지하게 고민해보게 됩니다. 우리 삶의 의미를 되새김으로써 눈앞의 이익보다 길게 가져가야 할 가치에 맞춰 인생의 방향과 속도를 새롭게 정비하게 됩니다. 동시에 우리 삶에 허락된 여러 인연들에 감사하며 이들과의 관계를 소중히 할 수 있게 됩니다. 과거나 미래에 현재를 저당 잡히지 않고 오늘을 즐기며, 조금 더 사랑하고 양보하며 베풀 수 있게 됩니다. 학자들은 이것을 외상 후 성장Post Traumatic Growth이라고 명명하며 연구하지만, 거창한 이름표가 없어도 이런 통찰과 삶을 대하는 태도에서의 근본적 변화가 성장임에는 분명합니다.

고인에 대한 애도를 다루면서 제가 늘 점검하는 것 중 하나가 있는데 그것은 일상으로의 복귀 과정에서 경험하는 유족들의 미묘한 죄책감입니다. 나아지고 괜찮아지고 살 만해지는 것에 대한 미안함과 걱정인 것이죠. 핵심은 이러다가 고인을 영영 잊는 것은 아닐까 하는 마음인데, 고인을 잊는 것이 배은망덕한 일이고 그래서 계속 힘들고 슬퍼해야 하며 일상에서 즐거움을 누리는 스스로나 다른 가족들을 벌주고 죄책감을 조장하기도 합니다. 이것은 정상적인 슬픔에서 벗어난 것이고 유족들을 정말 사랑한 고인이라면 자신의 죽음으로 인해 남겨진 사람들이 지속적으로 비통해하며 일상을 방해받기를 바라지 않을 것이라 강조하고 싶습니다.

"가끔씩 할아버지를 잊을 때도 있지만 그렇다고 우리가

할아버지를 영영 잊는 것은 아니니까 그것 때문에 미안해하지 않아도 돼."

이 말은 아이들에게 들려줘야 할 말이지만 우리 스스로에게도 해주어야 할 말입니다. 고인에 대해 때때로 흐릿해지는 기억과 둔해지는 슬픔에 대한 미안함까지, 그런 자신을 너그럽게 바라보는 시선까지 다 포용하면서 이것들을 모두 성장의 밑거름으로 삼기를 바랍니다.

누군가와의 이별이 예상될 때, 아니면 언젠가 아이들의 인생에 분명히 찾아오게 될 죽음을 준비시켜주기 위해서라도 이 책의 메시지를 깊이 음미해보기를 바랍니다. 그날의 분위기에 따라 편안하게 이야기를 시작해보세요. 책을 읽으며 저를 찾아왔던 평온함과 왠지 모를 희망이 여러분과 아이들을 포근히 감싸기를 기대합니다.

단단한 아이로 자라는 마음의 언어
ⓒ 강지현

초판 1쇄 펴낸날 2025년 10월 13일

지은이	강지현
펴낸이	배경란, 오세은
펴낸곳	라이프앤페이지
주소	서울시 종로구 새문안로3길 36, 1004호
전화	02-303-2097
팩스	02-303-2098
이메일	sun@lifenpage.com
인스타그램	@lifenpage
홈페이지	www.lifenpage.com
출판등록	제2019-000322호(2019년 12월 11일)
디자인	O-H-!

ISBN 979-11-91462-40-1 13590

* 저작권법에 의해 보호를 받는 저작물이므로 무단전재와 복제를 금합니다.
* 이 책 내용의 일부 또는 전부를 이용하려면 반드시 저작권자와 라이프앤페이지의 서면 동의를 받아야 합니다.